积极

THE LEADER'S GUIDE TO
IMPACT

让所有人获益的可持续影响力

［英］曼迪·弗林特 ［瑞典］伊丽莎白·雯伯·赫恩 ◎ 著
Mandy Flint & Elisabet Vinberg Hearn
吕宁 ◎ 译

氛围

Authorized translation from the English language edition, entitled THE LEADER'S GUIDE TO IMPACT, ISBN 9781292243771,by Mandy Flint;Elisabet Vinberg Hearn,Copyright © Pearson Education Limited 2019 (print and electronic).

This Licensed Edition THE LEADER'S GUIDE TO IMPACT is published by arrangement with Pearson Education Limited.

All rights reserved. No part of this book may be reproduced or transmitted in any form or by any means, electronic or mechanical, including photocopying, recording or by any information storage retrieval system, without permission from Pearson Education Limited.

Chinese simplified language edition published by China South Booky Culture Media Co. Ltd., Copyright © 2021.

本书中文简体字版由 Pearson Education Limited（培生教育出版集团）授权中南博集天卷文化传媒有限公司在中华人民共和国境内（不包括香港、澳门特别行政区及台湾地区）独家出版发行。未经出版者书面许可，不得以任何方式抄袭、复制或节录本书中的任何部分。

本书封底贴有 Pearson Education（培生教育出版集团）激光防伪标签，无标签者不得销售。

© 中南博集天卷文化传媒有限公司。本书版权受法律保护。未经权利人许可，任何人不得以任何方式使用本书包括正文、插图、封面、版式等任何部分内容，违者将受到法律制裁。

著作权合同登记号：图字 18-2021-167

图书在版编目（CIP）数据

积极氛围 /（英）曼迪·弗林特（Mandy Flint），（瑞典）伊丽莎白·雯伯·赫恩（Elisabet Vinberg Hearn）著；吕宁译. -- 长沙：湖南文艺出版社，2021.10

书名原文：The Leader's Guide to Impact

ISBN 978-7-5726-0358-7

Ⅰ.①积… Ⅱ.①曼… ②伊… ③吕… Ⅲ.①领导学—通俗读物 Ⅳ.①C933-49

中国版本图书馆 CIP 数据核字（2021）第 185409 号

上架建议：管理·一般管理学

JIJI FENWEI
积极氛围

作　　者：	［英］曼迪·弗林特（Mandy Flint）［瑞典］伊丽莎白·雯伯·赫恩（Elisabet Vinberg Hearn）
译　　者：	吕　宁
出 版 人：	曾赛丰
责任编辑：	刘雪琳
出　　版：	湖南文艺出版社（长沙市雨花区东二环一段 508 号　邮编：410014）
网　　址：	www.hnwy.net
印　　刷：	三河市中晟雅豪印务有限公司
经　　销：	新华书店
开　　本：	875mm×1230mm　1/32
字　　数：	253 千字
印　　张：	9.25
版　　次：	2021 年 10 月第 1 版
印　　次：	2021 年 10 月第 1 次印刷
书　　号：	ISBN 978-7-5726-0358-7
定　　价：	49.80 元

若有质量问题，请致电质量监督电话：010-59096394
团购电话：010-59320018

《积极氛围》所获赞誉

这本书展示了经过谨慎考虑的领导行为会如何影响业务结果，领导力与影响力之间的紧密联系也由此体现。这对注重实践的领导者来说是好事。书中介绍了一个非常实用的方法，不仅易于阅读，而且易于操作。书中的语言不是晦涩的理论语言，相反，更接近领导者的日常用语。

——卡罗·恩里科，万事达卡拉美区总裁

这是一本发人深省的书，它讨论了人与人之间每天产生的影响力，以及如何在不忘记做自己（不被"洗脑"）的情况下改善这种影响力。

——肯·斯坦纳德，首席执政官，卡博特信用管理

对有抱负的救生员来说，这本书是关于如何提供氧气以产生能量和影响的指南。这本书适合任何想为团队提供灵感并为之注入活力的人，从而提高参与度和客户体验，并最终提高收入。

——尼尔·沃特金斯，首席产品官兼执行董事会董事，英国贝宜应用智能公司

如果你只能读一本关于领导力的书，就读这本吧。书中介绍了各种实用的技巧、故事和框架，通过管理你对周围人的影响力，帮你尽

己所能成为优秀的领导者。伊丽莎白和曼迪每次都能直击领导力的要领！我真希望这本书能早20年问世！

——凡妮莎·瓦莱利，官佐勋章，"我们是城市"常务董事；
《钢铁之踵》作者

这本书打破了领导者是天生（而非后天造就）的神话。领导力一部分是艺术，一部分是科学。本书证明了有效的领导力是全然的实践、实践、再实践。

——汤姆·德里，首席执行官，供应管理研究所

在这样的颠覆性时代，这是一份引人入胜的读物——它对于高级管理者和初级管理者同样实用。

——伊恩·霍尔登-森普尔，在全球银行、信用卡支付和保险等金融服务领域拥有30年运营经验

当一本书从第一页开始就让你感觉与现在所处的位置和所需要的东西相关时，你就知道这是一本很棒的书。我能够立即使用书中的理念。书中详尽的研究、理念和案例使我更深入地了解影响力是如何在我们的日常生活中产生的。我向各层级的领导者强烈推荐这本书。这种洞察力是罕见的。

——丽兹·史密斯，当地董事，英国健康教育，伦敦

一本关于如何成为更有效的领导者的好书。要想在当今复杂的环境中取得成功，我们产生影响的能力比以往任何时候都重要。如果您

想推进职业发展，这是一本必读书。

——尼克·肖，赛门铁克欧洲、中东和非洲地区副总裁兼消费品总经理

影响力是一个非常重要，但未被充分谈论过的话题。这本书表明了影响力从内部开始，并且书中的很多例子和情况都与我相关。从我走进家门读这本书开始，到第二天走进办公室，我就已经开始考虑和评估自己的影响力了。

——蒂姆·诺布尔，副总裁兼全球销售主管，ICE数据服务

在这本书中，曼迪和伊丽莎白分享了她们从多年的高管和团队培训中获得的丰富洞见。她们提供了您立即可以使用的行动和模型，以提高您作为领导者的影响力。

——约翰·特纳，首席收入官，编年史（谷歌旗下公司）

我觉得这本书切中要害，与当前敏捷快速流转的复杂项目（具有多个利益相关者和同事的层次结构）紧密相关，使我在考虑品牌和声誉的同时，能顾及到利益相关者、企业文化和协作。

——特蕾莎·塞耶斯，英国特许人事与发展学会会员，三方ERP项目，萨里、苏塞克斯和泰晤士河谷警察

一本令人大开眼界的书，包含重要的类比，可以帮助我们了解影响力的复杂性和重要性。这是一本所有小企业主和企业家的必读书。

——乔什·威尔逊，创始人兼常务董事，威尔逊环球制作公司，福布斯30位30岁以下精英榜

在商业中浸润了30年之后，我觉得所有领导者都会从本书中受益。这本书会帮助你创造预期的影响力，并享受随之而来的回报。

——克里斯·库珀，业务参与与提升，作者，演讲人，《美国之音》商业频道商业提升节目主持人

一本有趣且与众不同的关于领导力的书，充满了故事、反思的机会和具体的实践方案。我真诚地向所有领导者推荐这本书。我获得了很多洞见。我自惭形秽，看到了提升自己领导力的新机会。这让我很受鼓舞。

——玛丽·伦德斯特罗姆，领导力全球营销传播，就职于宜家内务系统公司

与往常一样，我发现伊丽莎白和曼迪的书对当代企业和作为领导者的我具有重要意义。我一直在思考正念及我对企业的影响。这本书围绕我所说的正念领导力提供了一个行动计划。此外，伊丽莎白和曼迪在创建自制工具方面也做得非常出色，这些工具消除了制订个人或组织行动计划时的不确定性。感谢伊丽莎白和曼迪。

——德娜·波波洛斯，资深银行业务负责人，拥有20年的国际经验，美国

关于作者

曼迪·弗林特是领导力方面的专家，专注于团队变革和文化行为变革。曼迪在卓越领导力公司任首席执行官，这是一家致力于转型变革的全球性组织，由曼迪于2000年创立。那时她已经在企业界工作了20年。其中，曼迪曾在美国运通工作14年，领导过多个业务部门，在销售业务、公共事务、通信和文化变革等领域担任过职务。

除了作为高级领导者管理美国运通的一个部门外，曼迪还用了3年时间为总裁推进文化转型计划，并担任许多高级管理者的内部教练和团队教练。

在卓越领导力公司，曼迪为全球各地的团队和个人提供一对一高管培训、团队促进、团队效率提升、愿景创造、战略发展和文化变革领导力等服务，尤为注重情感和行为层面。她的客户包括众多跨国蓝筹组织的首席执行官、高级副总裁、副总裁和董事会成员。曼迪曾与多家公司合作，包括万事达卡、劳埃德银行、美国运通、赛门铁克、维珍航空、惠普、思爱普（SAP）、国民保健署和贝宜系统。

曼迪曾就读于哈佛商学院，主攻方向为服务利润链。她还接受过媒体培训，而且是领导力和文化变革方面的知名演讲人。她是伦敦大都会商学院的研究员，并与伊丽莎白合著了两本有关领导力和团队的书。这两本书获得了诸多奖项。

伊丽莎白·温伯格·赫恩是一名演讲人、作者、领导力战略师和高管教练，专注于未来领导力、获胜团队、文化转型和业务可持续性。她是Katapult Partners咨询的首席执行官和Think Solutions公司的联合创始人。其中，前者是思考成功公式公司的子公司，专注于领导力和文化在数字转型中的强大作用。

在2001年成立Think Solutions公司之前，伊丽莎白已在美国运通国际工作了13年，并担任过各种领导职务，主要负责客户服务、流程再造和企业文化转型。

伊丽莎白与世界各地的组织合作，提供战略领导力和战术解决方案；促进组织转型，培训高管、领导团队、数字转型领导者和其他变革倡导者。她具有跨行业的经验，客户包括荷兰银行、苏格兰皇家银行、美国运通、H&M、宜家、斯堪卡、瑞典电力公司、特里格·汉萨（RSA保险集团），SOS儿童村和绿色和平组织。

伊丽莎白拥有坎布里亚大学的领导力和可持续发展MBA学位，以及斯德哥尔摩IHM商学院的营销经济学学位。伊丽莎白和曼迪一起出版了屡获殊荣的《团队公式：找到成功之道的团队领导故事》。

致谢词

在将这本书(我们的第三本书)变为现实的过程中,我们有许多人需要感谢。

感谢我们的客户、同事和团队,他们一直鼓励我们分享自己的经验和见解,并督促我们撰写了这些书。

感谢培生教育板块的编辑埃洛伊丝·库克邀请我们撰写本书,感谢你一直以来的支持和指导。

再次感谢芭芭拉·拉格的启发,并帮助我们走上写作之路。

我们也得到了家人和朋友一如既往的支持,我们对此非常感激,谢谢你们。

目录 Contents

前言 / 001

第 1 章
Chapter One

影响力概述

第 1 节 · 什么是影响力？ / 002

第 2 节 · 实现影响力的原因和方式 / 022

第 2 章
Chapter Two

对不同受众 / 利益相关者的影响力

第 3 节 · 对员工的影响力 / 042

第 4 节 · 对上级的影响力 / 061

第 5 节 · 对同事的影响力 / 083

第 6 节 · 对董事会的影响力 / 104

第 7 节 · 对外部利益相关者、媒体 / 纸媒、社交媒体的影响力 / 130

第 3 章
Chapter Three
对不同预期结果的影响力

第 8 节·协作影响力 / 152

第 9 节·变革影响力 / 179

第 10 节·创新影响力 / 216

第 11 节·对企业可持续发展的影响力 / 251

总结 / 281

影响力路线图模板 / 289

笔记 / 290

前言

恭喜你决定阅读这本书。为了实现影响力，你已经开始积极地行动了。

你对身边的人和环境产生了怎样的影响？

我们无法确切地知道答案，但由于这本书引起了你的注意，我们假设你了解影响力有多重要，并希望充分发挥影响力，取得积极的结果。

作为领导者，你要取得成果必须与他人合作。领导者的行为举止往往有放大效应，因此掌控你的影响力变得尤为重要。领导者总在聚光灯下，是他人的榜样，言行受到关注并具有连锁反应。

这也是我们编写本书的原因——促使你反思影响力，塑造影响力，成为出色的领导者，从而使你自己、你的同事、你的组织及其客户与合作伙伴获益。这本书也可以帮助你与家人和亲友建立更亲密的关系。

每个人都能产生某种程度的，甚至是强大的影响力。尽管本书是专门为领导者而写的，但影响力的互动因素和书中的许多想法也可以使非领导者和未来的领导者受益。非正式的领导者往往具有强大的影响力，这就是为什么他们是实际上的领导者，即使他们没有在正式的领导岗位上。

领导力与影响力是艺术，不是精确的科学。成为优秀的领导者有很多途径，完全不需要模仿他人。我们遇到过的最具影响力的领导者，往往能够依据所处境况和对象的不同，对自己的行为做出细微调整。没人能够把所有的事做对，但更深刻地理解影响力、充分地发挥影响力却是可能的。

正是由于领导力和影响力是艺术，我们建议你把本书看作一份塑造影响力的指南。你有自己独特的领导方式，本书可以启发你的思考，并提供发挥职场影响力的一些具体思路，然后你可以根据自己的实际情况应用这些思路。

不论你想实现的影响是什么，我们都建议你从双赢的角度出发：影响力应该使所有参与者受益，而且最好能长期持续。此外，你的影响力应与组织的发展方向、愿景和战略一致。

在过去的20年里，我们与世界各地的数百名领导者及其团队和组织合作过。这使我们着迷于影响力的概念，同时也获得了很多启发。不管是经验丰富而有强大影响力的领导者，还是影响力较弱，甚至造成了消极影响的领导者，我们都接触过。这两类领导者的区别是什么呢？我们认为他们的区别始于意识：自我意识和社会意识。你对自己的思想、感受、价值观、压力和热情越了解，对身边的世界就会越了解，也就越能掌控并塑造助你成功的影响力。

意识有点像肌肉，为了增强它的力量，你需要使用它、训练它、展示它。

你的"意识肌肉"锻炼得有多好？

你最近在坚持锻炼"意识肌肉"吗？还是希望即使没有训练，"意识肌肉"也能保持良好的状态？你愿意付出更多努力来增强它的力量吗？

上一次你在狭窄的通勤列车里被人转身用背包砸到是什么时候？上一次在会议中有人刻意忽略你是什么时候？上一次某人与朋友交谈不肯落座而堵塞了整个飞机过道是什么时候？上一次某人在见过几次面后仍然不记得你是什么时候？

以上这些情形中，这些人的意识肌肉可能没有被充分地训练和使用过，它们对你的影响也不太积极，对吧？

几年前，英国有一部名为《老板互换》（*Boss Swap*）的纪录片/真人秀电视节目。节目的初衷是让两家公司的领导者在为期两周的时间里互换位置。这是一个非常有趣的"社会实验"。在某一集里，这两个领导者因为缺乏对新环境及彼此职能差异的认识（他们一个是伦敦的房地产经纪人，一个是约克郡的二手车销售员），而使他们在临时角色中所产生的影响力受到严重的阻碍。

关键在于，即使我们不认为自己具有影响力时，依然会对身边的人和事物产生影响，因此不能采取随意的态度。启动你的影响力培养计划，从提高对影响力的认识开始。

本书的框架结构

本书由三章内容组成，你可以从头读到尾，也可以直接跳到与自己相关的章节。无论你采用哪种方法，我们建议你首先读完第1章。

第1章是影响力的概述：什么是影响力，为什么影响力是重要的，以及如何培养影响力。

第2章探讨了对不同利益相关者的影响力，为如何对主要利益相关者群体施加影响力提供了思考和实践的思路。第2章的每一节结构如下：

- ◆ 自我评估
- ◆ 探索利益相关者群体
- ◆ 影响力故事
- ◆ 解决方案和工具
- ◆ 影响之声（影响力的实际感受和实现方式）
- ◆ 更多解决方案：你的想法、感受和行为所扮演的角色
- ◆ 总结
- ◆ 自我评估

第3章探讨了针对特定的预期结果所需要的影响力，并给出了逐步的实施方案，指导你从具体成果中获得洞察。这些小节侧重于4个常见的情况，但实施方案的框架适用于所有与你相关的情况。实施方案的步骤是：

1. 确定预期结果
2. 设定目标日期
3. 了解利益相关者
4. 评估现状
5. 你和其他人需要学习什么

6.行动计划

7.你需要如何表现自己

8.认清障碍

9.充分沟通

10.挑战路线图

11.衡量成功与否

在整本书中,我们创造了一系列故事来讲述如何看待、感知和创建职场影响力。对我们第一本书《团队公式:找到成功之道的团队领导故事》(*Team Formula: A Leadership Tale of a Team Who Found Their Way*)的读者来说,你们会在这本书的故事里发现熟悉的人物。

影响力借由知识和技能实现,但也许最重要的是借由行为实现。如果你想发挥积极的影响力,请特别注意你的行为。我们的行为举止会对他人产生影响,产生的连锁反应可能远远超出我们的想象。

这本书很实用

本书适用于各个层级的领导——从首席执行官到基层主管。本书讨论的很多概念与非领导者也是相关的,对他们也有用。

这本书很实用,不要读完了事,更要采取行动,执行你的解决方案,实现积极有效的影响力。从本书中获得多少价值在于你,发挥多少影响力也在于你。

本书在特定章节中列出的想法、方案和工具对于其他情况或其他利益相关者群体也有价值。因此,请后退一步,反思你有哪些机会可以发挥影响力,并找到适合自己的影响力培养方法。

由于影响力不是精确的科学,通常没有绝对的答案。本书为你提供了反思的机会,用来启发你的新想法。本书的目的在于引发你的思考,提供具体的实践思路。

一切在你。你想发挥什么样的影响力?

我们祝你获得卓越的领导力和影响力!

第1章

Chapter One

影响力概述

什么是影响力?如何培养影响力?
这一部分重点探讨影响力的概念,并参考了对这一主题的相关研究。

第1节

什么是影响力？

> **领导力事实**
>
> 你知道吗？
> 79%的离职员工表示，缺乏认可是他们离职的主要原因。
> 资料来源：O. C. 坦纳学习集团（O. C. Tanner Learning Group）[1]

影响力：对某人或某事产生强烈影响。

——牛津词典

无论你是否在意，你必然会对身边的人和世界产生影响。影响的程度和效力则大小不一。每个人都要对他们现有的影响力和想要的影响力负责。作为领导者，你的职位越高，影响的人就越多，就越有责任把事情做好，你的影响力也因此变得非常重要。

一个人的实际影响与其影响的能力密切相关。影响与影响力尽管有时会有语义重叠,其区别可以描述为:"如果你能够影响(他人),你就有了影响力。"影响他人意味着让他们接受我们的想法、建议或指示,这可以借由逻辑、事实、行为、情感和同伴压力等途径实现。当某人受你的影响接受了新思想、新论点、新行动或新行为时,你对他们就有了影响力。

你的经营方式创造了你的影响力

B2B:企业对企业。

B2C:企业对消费者。

这两个术语常用于描述一家企业提供产品和服务的对象是另一家企业,还是消费者/终端用户。

这是个比较重要的区别,因为它影响乃至决定了企业的组织方式和运作方式。

不过,所有业务最终都是H2H——人与人的交流。人决定是否购买某个产品,是否忠诚于某个品牌,是否把某个公司推荐给其他人。

比如,我们可能认为与我们签订服务合同的是某个企业,但这并不完全正确——决定是否签署合同的是人。如果某人或某些人与我们共事时不太愉快,他们可能会放弃与我们签署或续签,转而与其他人签订合同。

这一切在B2C场景中更为明显,客户可以自行投票,如果体验不佳就不会再次购买该服务或产品。

不过,不要低估一个组织及其员工的人际关系的力量。一切都是关于人的。由人做出决策。联系发生在人与人之间。

这就是为什么我们如何开展业务、如何与他人打交道、带给他人什么感受是如此重要,而且会越来越重要。每一次互动都很重要,每一次互动中，你产生的影响同样重要。你不仅代表自己，还代表整个企业和企业所代表的含义。

在组织内部也是如此，没有人是孤立的。因为你无法孤立地工作，所以你需要不断地影响身边的人，以获得可持续的长期业务成果。其实，纵观人类历史，与他人建立关系、联结和协作的能力一直是成功的关键因素。影响力的概念和力量一直存在。

影响力始于内心

你对自己的感觉会影响你对自己的看法，你对自己的看法又会影响你对自己的感觉。你内心发生的每件事都会以某种方式渗透到身边的世界。因此，当你评估自己当下的影响力或规划预期的影响力时，最重要的考量因素是如何有效地引导自己和控制自己的"内在系统"。这个内部系统包括你的自我信念、自尊和自信。它是你的全部精神与情感，推动你去做事，并与周围环境互动。如果你想对周围环境产生强大的影响，首先需要从内心开始，充分了解自己，这样你才能认清和控制自己的影响力。我们将在本书中介绍积极自我领导的各个方面以及培训工具。

鼓励自我，从而鼓励他人

最近我们去了比利时，主持已经做过多次的自我领导力发展计划。最初两天的效果不及预期，这很不寻常。我们感到很累。从多次运行这个项目的经验来看，我们意识到需要做些与以往不同的事来启发新的想法和感受。

我们站在大房间前面，摆了20把椅子和几张圆桌，开始为接下来的日子做准备。伊丽莎白转身对曼迪说：

"今天，我们希望自己是什么状态？"

"我觉得我们得先鼓励自己，这样才能鼓励别人，"曼迪回答说，"我觉得这会积极地影响整个团队。"

"我们得主动鼓励自己。如果成功了的话，团队也能感受得到。"伊丽莎白很快补充道。

"那么，我们怎么改变自己的感受呢？"

我们集思广益，努力改变内心感受和内心对话。我们先讨论了不希望会议变成什么样，然后思考和谈论了在这个项目中备受鼓舞的时刻。我们回忆这些时刻如何深刻地改变了他人，这些回忆重新鼓励了我们。我们从创造性对话及行动中深受启发，于是打算也让小组做些额外的练习。我们兴奋地回忆起大家在这个项目中进步的故事。我们把故事讲给彼此听，充满了活力

> 和灵感。我们想重新获得这样的结果。
>
> 会议结束后的反馈环节中,几乎每个人都谈到他们受到了某种程度的鼓励,我们甚至没有提到过"鼓励"这个词,但与会者感受到了我们是衷心地鼓励他们的,这样的鼓励具有感染力。这恰恰是我们期待的结果。

对我们来说,关键是不要在灵感匮乏的时候刻意地想办法激励他人。不,关键是要先鼓励自己。我们自己有些感觉时,不论是好还是坏,几乎不可能不传递给身边的人。因此,我们的内心感受不仅影响自己,也影响我们的外部影响力和结果。

有效的领导者影响力可以归结为:你想让别人处于什么样的(精神/情绪)状态?因此,你自己首先需要处于什么状态?

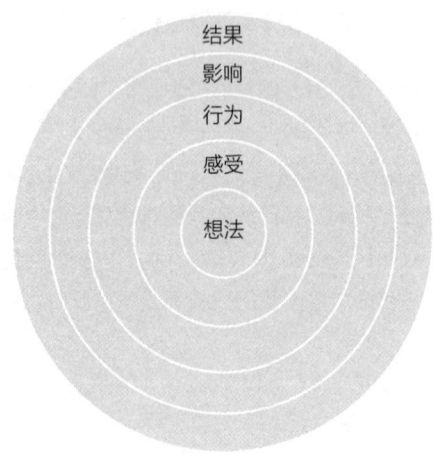

如上图所示,（2020愿景）领导者影响力模型™描述了引导和管理内在自我引起的连锁反应。

你的影响力就是你引起的连锁反应

影响力可以是一对一的（以个人为主），也可以是一对多的（以团队/团体为主）。

负面影响力可以很容易产生，比如与别人单独见面时在手机上查看电子邮件。你觉得对方会有什么感受？你对他们有什么样的影响？他们会愿意更多地为你付出吗？接下来他们会和谁见面？他们会对那个人有什么样的影响呢？

同样，你当着满屋子人的面颁奖时，弄错了获奖者的名字，你的个人品牌就会受到负面影响。大家会觉得他们不重要，以至于你记不住他们的名字，或者你并不在乎，以至于忽略了细节。大家往往会记住这些情形，这时你必须加倍努力赢回失去的信誉，恢复想要的影响力。

正面影响力也可以很容易就产生，比如对帮助过你的人说声"谢谢"。帮你的忙是大是小不重要，只要你停下来说一句"谢谢"就会对他人产生巨大的影响。我们习惯了为生活奔波，很容易忘记这个做法是多么重要和有效。

有个高级领导跟我们讲过，他曾给一位团队成员写过一封电子邮件，对方的反应非常积极。

> 那是一封简短的感谢信，感谢我对团队的付出，积极评价了我在过去一年中的进步。这封信是专门为我而写的，我无比开心和自豪。我因此对自己的角色更有信心，充满了热情和活力。

我们每天都可以引起像这样的连锁反应。

　　我明白了，人们会忘记你说过的话，你做过的事，但永远不会忘记你给他们带来的感受。

——玛雅·安吉洛

制订影响力策略

　　影响力至关重要，因此你需要挑战自己，弄清楚自己是否拥有影响力。你也许有很多策略——针对业务、变革计划等——你还需要一个针对影响力的策略，对它如何影响业务要做到心中有数。所有领导者的共同点是：总是借由他人运作，他们需要让员工出色地完成工作。这就是为什么你的影响力是实现预期结果的首选策略。

　　你的影响力应该超越自身。这不是为了提升你作为高级领导者的形象；你关注影响力是为了企业的利益，也是更大的利益。持续而强大的影响力会使你流芳百世，贡献被人铭记。你的贡献也是你的个人品牌。你想因什么而闻名？你想留下些什么？当你进入下一个职位时，你想因什么而被铭记？

　　影响力一直很重要，但往往是下意识的表现，而不是有意识的努力。随着时间的推移，大家对影响重要性的认识在增强，因此，对管理，甚至（理想情况下）创造预期影响力的需求也就变多了。大家不再满足于被动接受自发产生的影响力。

　　高级领导者的影响力也会随之放大。你决定了组织的节奏。你需要有意识地塑造影响力——以身作则，为公司、员工、客户和所有其他利益相关者做出行为示范。

　　对很多人来说，主动塑造影响力是很困难的，因为这么做显得虚伪而自负，因此他们不愿意用心塑造影响力。处于职业生涯早期的领导者尤其如此。如果你是比较资深的领导者，那么你需要且应该对塑造影响力这个概念非常熟悉，并且能够运用自如。这本书想提醒你，塑造影响力意味着积极地追求卓越，也会告诉你如何制订实现影响力的具体方案。不仅如此，这本书还会向你展示如何以真实而合适的方式实现影响力。

声誉和品牌对领导者至关重要。领导者需要理解和运用这一点。你在任何职位上都必须有相应的影响力策略。

事情发展得很快，我们被不断的变化裹挟着向前。领导者应该在当下创造影响力，从而避免失去这一刻的力量。领导者不可能事事正确，但仍要努力抓住创造影响力的重要时刻。有了影响力，领导者就能够更容易地与人联结，受到尊重，建立信任，让别人乐于倾听，积极地影响和推动结果。

展望未来，我们发挥良好甚至强大影响的能力变得越来越重要。我们需要思考自己对他人的实际影响是什么，我们想要实现的预期影响是什么。与工作内容相比，我们的工作方式对取得成功更为重要。工作方式即我们如何影响身边的人、企业和环境。其实，因良好的工作方式而取得成功的高管、领导者和组织越来越多，这与我们在日常工作中看到的情形也是相符的。

而且，越来越多的领导者活跃在社交媒体上，管理影响力也随之变得至关重要。通过积极地塑造影响力，领导者能够更好地管控和预测结果。我们在任何时候都需要管理个人的行为举止及其对利益相关者产生的影响。

领导者经常面临这样的情况：在给定期限内，空降到一个新企业或到另一个特定的部门或区域去整顿业务。常见的例子有：

◆ 任命新的首席执行官以挽救一家濒临破产的企业。

◆ 任命新的首席执行官以引导企业进行并购,实现激进的增长战略。

◆ 要求领导者改变企业的运营方式。

◆ 在寻找和聘用新的常任领导者的过程中,公司会聘请临时领导者来维持企业的正常运转。

不管设定期限的原因是什么,带有明确截止日期的事项都需要一个影响力计划,领导者需要问自己:我怎样才能在规定时间内充分发挥影响力,实现预期结果?

无论你对自己影响力的预期是什么,这本书都可以帮助你为自己量身定做一套影响力策略。书中所有解决方案都建立在我们的"五步影响力策略框架"之上(如下图所示)。"五步影响力策略框架"会帮你确定自己希望充分发挥影响力的关键领域。

五步影响力策略框架

	步骤	反思	行动
第一步	确定你想实现什么影响	你希望对谁产生什么影响?	列出相关情况、举措、项目、地点、团队、人员等
第二步	明确预期结果	你为什么想产生那样的影响?(它会带来哪些不同)	将你的影响与团队/部门目标、组织愿景及使命建立联系
第三步	确定完成时间	你想在什么时候实现影响?	确定关键时间节点和最后期限等
第四步	创建一个行动/行为计划	你将如何实现这种影响?	列出要采取的行动及行为。考虑一下你从别人那里可能需要得到什么支持
第五步	确定成功的衡量标准	你怎么衡量接下来产生的影响?	列出可能的衡量标准,比如调查、反馈、效率等

凭借职位还是行为产生影响？

成为首席运营官后，斯蒂芬第一次走过十字转门。

他终于得到了梦寐以求的职位，不禁心花怒放。整个过程很漫长，不过高级领导的任命一向如此。为了这一天，他足足等了6个月。他刚加入这家公司，可以说是一张白纸好入字。

索菲亚把他带到了他的办公桌前。只有桌子？！斯蒂芬转了一圈，眼睛飞快地搜寻着给他安排办公室的位置。不久，他就意识到，根本没有什么办公室。他还没来得及说话，就迅速被带往一间有着不透明玻璃门的会议室，与高层团队的其他同事开会。他的职业生涯新篇章就这样开始了。直到午饭时间，他才有机会思考眼前的状况。

为什么我没有办公室？这怎么办？那下属怎么知道我是领导呢？我得展示自己的地位，给自己弄一间办公室！

斯蒂芬没有得到办公室。首席执行官制定了严格的政策：所有高管都不可以有自己的办公室。斯蒂芬在与几位同事的交谈中也听到了这项政策。斯蒂芬感到惊讶而困惑。最后，这使他不得不从另外的角度，思考自己作为首席运营官应当怎样发挥影响力。他的影响力将源自高管风度，而不是办公室所代表的权力形象。

那些需要外界认可其权力和地位的人，与那些不需要的人相比，往往显得地位低而权力轻，原因是这些外在符号并不代表真正的影响力。如果你需要外界的认可，那么你的影响力可能会被削弱。可持续的长期影响力归根结底来自行为，而不是外在的符号或拥有的东西。

可持续的、变革性的改变和影响发生在行为层面

为你的影响力负责

无论他是否完全意识到这一点，在前面的故事中，斯蒂芬对他的影响力负有责任。所有领导者都对下属负有责任：为他们增值，为他们服务。其实，CEO的含义除了常见的首席执行官外，也可以是首席授权官。这适用于所有领导者，因为他们也授权给了自己的员工和团队。

是的，领导者有责任关注自己的影响，这是确保你自己受到启发，并将启发传递给他人的好机会，这样你对自己的所作所为会真正满意。积极主动地发挥影响可以提高你成功的概率，使你更好地控制结果，这样会比反应式学习更快地到达目标。

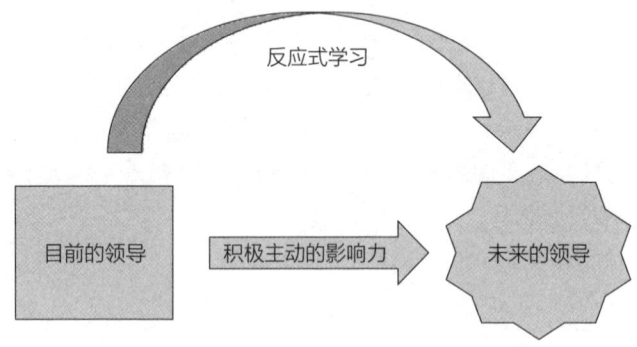

了解你的听众

人人各不相同,需要以不同的方式对待。白金法则——"按照别人想要的方式对待他们",比广为人知的黄金法则——"按照你想要的方式对待别人",更加适用。根据白金法则,你不能假设每个人都和你一样。

白金法则:按照别人想要的方式对待他们

良好的沟通和强大的影响力取决于你对"听众"的理解程度,以及你如何调整风格来迎合他们。你要善于观察身边的情况——发生了什么,即将发生什么,什么即将到来,这样行事才能够做到正直、专注、关切。

别被吓到,也别气馁。你不见得总能把事情做对,但只要有意,就有可能发挥更强的影响。有一些积极的影响总比没有好。

下图中的影响仪描绘了影响力原理。负面影响最大为-100,没有影响/中性影响为0,正面影响最大为+100。影响仪可以每天查看,也可以用来规划下一周的工作。就像你会规划做什么一样,你也要规划怎么做。

比如,目前你在常规会议上的影响力是50,你希望它提高到75左右,这样更能够影响决策。你可以想想怎样能够听得更专心,以理解所有的因素和大家的反应。这样你就能准确地选择你的方法和影响。即使你的影响力只达到60,也总比50好,其余的下次会议再努力。

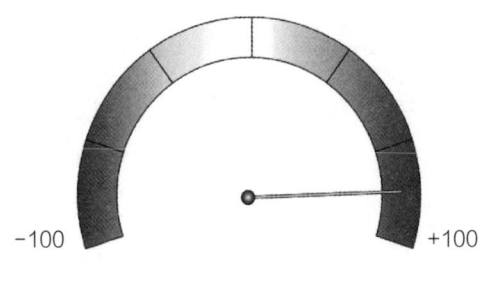

影响仪

　　理解他人也包含了认识差异和接受差异，这些差异可以归结为以下几个方面：

◆ 个性

◆ 个人价值观

◆ 年龄和性别

◆ 当地文化

◆ 组织文化

◆ 知识

◆ 背景

◆ 经验

文化冲突

　　林赛最近刚抵达英国，担任高级副总裁一职，尽管她在同一组织工作了8年，这却是第一个美国之外的职位。

> 一周后,她就有了跟部门200名员工交谈的机会。林赛做了类似情况下常做的事:站在前面,用充满活力的啦啦队式方法说话,好像努力召集部队采取行动似的。
>
> 事情进展得不太顺利。林赛不了解这些员工,很多人觉得她不够真诚,只流于表面的热情,有些人甚至觉得受到了操控。
>
> 林赛没有特别留意过自己的习惯,因此也没意识到她的习惯被做出了与以往完全不同的解读。她既不熟悉当地的习惯和规范,也没有想过这些习惯和规范会与美国不同,因此,谈话前没有深入了解。她想过要说什么,但没有想过要怎么说。
>
> 她也没有留意别人对她是什么看法。
>
> 员工对林赛的言行充满疑虑。他们觉得她人微言轻,高高在上,与现实脱节。经由一个同事的提醒,林赛才意识到问题有多严重,才开始反思自己接下来应该怎么做。

大家一旦感到被理解,或以某种方式被认可,就很容易与他人情感相通,彼此的关系也会更融洽。融洽的关系产生于大家彼此联结的时刻,即使他们根本不知道联结的原因是什么。大家越是相似,就越会彼此喜欢。融洽的关系最深层的含义是彼此同步,一旦缺乏了这种同步、这种联系,你影响他人的能力就会受到限制。

想想吧。如果你在别人眼中是独特的、被理解的,你就更有可能觉得待你特别的那个人积极地影响了你,对吧?所以,为了产生积极影响，你需要考虑怎样独特而真诚地对待他人。你和对方都会因真诚而自在。

待人真诚，运用独特领导才能

人人各不相同，你也是。你的独特之处让你与众不同。你需要知道并积极地利用自己的独特之处，将最好的一面展现出来，这反过来又能激发出别人最好的一面。你的独特领导才能（ULP）、个性、背景、经验、优势和个性的组合会激发出强大的影响力。这一点很少有人充分理解，因为大多数人缺乏对自己独特之处的了解。没有人可以事事都做到数一数二，但每个人都可以在某领域做到一流。我们将在第二章中深入探讨怎样使用独特领导力。

你"做自己"的时候能发挥出最佳的影响。你需要知道做自己什么时候管用，什么时候不管用。有时候，为了与他人联结并产生影响，你需要在真诚的同时调整自己的风格。总的来说，你需要在做自己和迎合他人之间把持一个微妙的平衡。

领导力不是科学，而是艺术。领导力是对结合了自我意识和社会意识的行为进行的微调。

行动和行为如何塑造影响力

我们的工作包含工作内容和工作方式，我们的行动构成了工作内容，行为举止构成了工作方式。

工作与生活是否平衡？

克里斯汀想鼓励团队平衡工作与生活，她一直提醒团队成员不要工作到太晚，最好到了下班时间就回家，花些时间与朋友和家人相处，也花些时间在兴趣爱好上。团队成员都很高兴，反应积极，大部分时候下午5点就离开了办公室。

然而，一周后，他们几乎每天都能收到克里斯汀深夜发来的电子邮件。她的言行不一把他们弄糊涂了。为什么她跟我们说不要加班，自己却工作到很晚？很明显，她并不真心觉得我们应该下午5点回家。那她说的其他话是不是也和本意相反呢？我能相信她吗？

最糟糕的是，克里斯汀打算奖励几个为了项目一直在深夜和周末加班的人。团队成员更加困惑了。

克里斯汀采取行动来促进工作和生活的平衡，让员工感到受到了重视和鼓励，于是她得到了好评。但她随后言行不一致，因此受到了大家的怀疑。怀疑影响了她的信誉和团队对她的信任。随后，她奖励加班的行为，又放大了负面的影响。她言行不一致，对团队产生了负面影响，也对自己的个人品牌（大家怎样看待她）产生了负面影响。前后不一致的行为，即低"说做比"，会降低影响仪的读数。

克里斯汀本可以采取积极有效的措施：

◆ 设置闹钟，提醒她在某个时间回家。

◆ 尽量不在办公时间外发电子邮件（即使她当时打算写邮件）。

◆ 解释她为什么需要偶尔加班。

◆ 仔细考虑她到底在肯定他人的哪些行为。

◆ 奖励聪明工作的员工，而不是工作时间更长的员工。

◆ 奖励与结果挂钩，就员工如何能更聪明地（而不是更努力地）工作给出建议。

产生影响力是你作为领导者的职责。这是必需品，不是（可有可无的）奢侈品。这就是工作本身。

领导力研究

那么证据在哪里？领导力真的那么重要吗？确实如此。

曾格尔和福克曼的研究表明：领导力，无论好坏，都是具有感染力的。[2]在51项领导力行为测试中，以下8项是最具感染力的行为（按感染力强度排序）：

1. 促进自我与他人的发展
2. 技术性技能
3. 战略能力
4. 善解人意，具有合作精神
5. 诚实正直
6. 全球视野
7. 果断
8. 注重结果

JR的感染力

JR一直充满好奇心。他享受整个学习过程，不是探索新的事物，就是深化知识和提高关键领域的工作技能。

周围的人无疑会注意到这一点。其实JR的团队成员也遵循非常相似的模式。JR鼓励他们成长，但更重要的是，他们能看到JR自己也在不断成长。

持续成长意味着JR信赖的团队成员会定期升职或离职。JR完全不介意，虽然他为团队成员的离开难过，但他知道这是团队成员成长的必然结果——他们当然得担任更重要的角色。

随着时间的流逝，JR不仅为自己支持了许多团队成员的发展和成长而自豪，也为他们在新团队中继续发挥榜样作用而自豪。倍增效应比他想象得要大得多。

领导者的行为习惯会对直属下级产生显著影响，而直属下级也是其他人的领导者，因此会对他们的直属下级产生影响。依据进一步的研究结果，高效的高级领导者有高效的直属下级。

合益集团（Hay Group）最近的研究表明，70%的团队氛围受领导者影响，而团队之间30%的绩效差异可归因于工作氛围。[3]业务成果显示了影响力的后续影响，比如，由领导者塑造出高绩效环境的公司的利润率是其他公司的2.75倍。

塑造工作氛围

销售团队由许多非常成功的销售人员组成。他们每个人都表现得不错,但彼此之间缺乏真正的合作。这是典型的友好而充满竞争的文化,在销售领域尤其突出。团队负责人打算改变这种情况。他决定转移销售会议的重点——不只谈论预测和数据,也希望团队成员能敞开心扉,彼此分享知识、经验和最佳实践。负责人认为数据可以在邮件中交流。

负责人定下基调,专注小组协作和共享。结果逐渐显示出来。团队内部停止了竞争,开始知识分享。新的信任文化逐渐形成。小组的销售额在一年之内翻了一番。

同样,依据盖洛普(Gallup)对员工敬业度的调查,团队负责人至少影响了部门间员工敬业度得分差异的70%。[4]员工敬业度会对以下9项绩效结果产生积极影响:[5]

1.客户评价

2.盈利能力

3.生产力

4.营业额(适用于高营业额和低营业额机构)

5.安全事故

6.盗窃

7.旷工

8.医疗事故

9.质量（缺陷）

缺乏参与的高昂代价

公司财务部经历了一段时间的内部冲突，相关人员还没有妥善处理。一名会计师伤心愤怒，无法专注工作。她陷入了愤怒，也陷入了对同事行为的过分关注。

她渐渐开始在工作中犯错，比如没有按时支付客户贷款，多次影响了一个大客户。客户最终厌倦了糟糕的待遇，把业务从这家公司中撤了出去。

对纵容冲突恶化的那个经理来说，（丢失客户）这样的强烈反应是一记沉重的警钟。她知道员工不喜欢彼此一起工作，但她仍然逃避现实，指望问题会自行消失。

经理最终不得不采取行动，她做的第一件事就是与每个团队成员单独交谈，真正关心他们的工作感受和工作状况。起初，成员因为不太习惯而有些犹豫，但是慢慢地，他们逐渐敞开了心扉。经理从交谈中获得了洞见，得以继续提升员工的参与度。

每天有1440分钟。这意味着我们每天有1440个产生积极影响的机会。

——莱斯·布朗

第2节
实现影响力的原因和方式

> **领导力事实**
>
> 你知道吗?
>
> 87%的千禧一代表示,他们帮助公司取得成功的个人动机与公司领导者的情商有着紧密的联系。
>
> 资料来源:Levo研究所[6]

关注影响力的原因有很多,好处也很多,其中一些如下页图所示。

影响发生在当下

你想产生更大的影响,就必须活在当下,让和你在一起的人感到他们得到了你的所有关注,他们是最重要的。关键在于大家在那一刻的感受:让他们感到重要,你只想与他们在一起,他们也只想与你在一起。你需要聚精会神，不能一心多用。

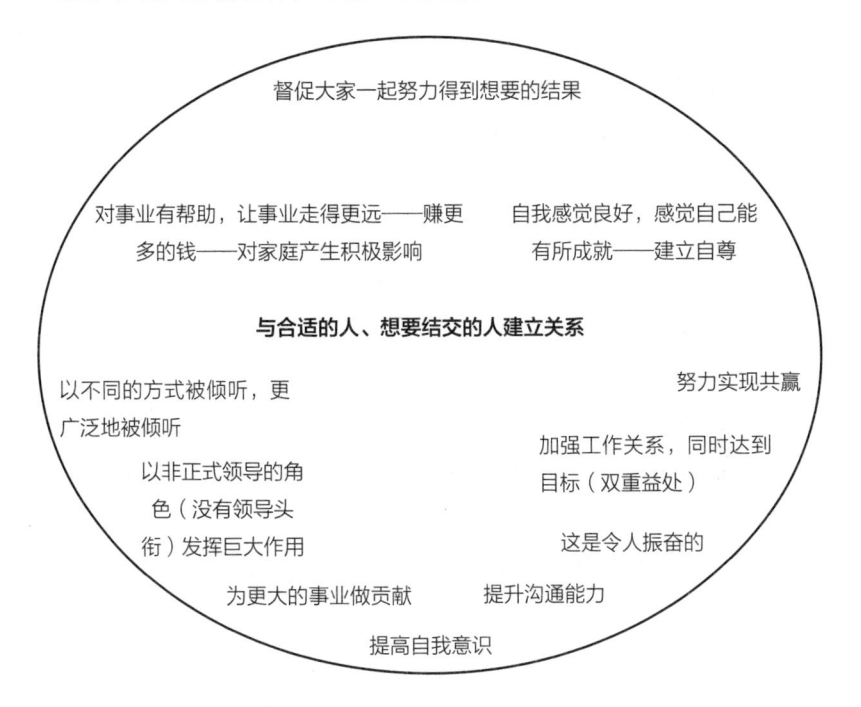

督促大家一起努力得到想要的结果

对事业有帮助，让事业走得更远——赚更多的钱——对家庭产生积极影响

自我感觉良好，感觉自己能有所成就——建立自尊

与合适的人、想要结交的人建立关系

以不同的方式被倾听，更广泛地被倾听

努力实现共赢

以非正式领导的角色（没有领导头衔）发挥巨大作用

加强工作关系，同时达到目标（双重益处）

这是令人振奋的

为更大的事业做贡献　提升沟通能力

提高自我意识

关键是要消除干扰，放下手机，不看邮件，保持专注。活在当下，就能从别人那里获得更多收益。我们刚刚拥有的那个时刻过去了，下一个时刻还没有到来，唯一拥有的就是"现在"，所以你要在现在这个时刻发挥影响力。

此外，研究表明，如果一个人一心多用，其工作效率能降低40%。[7]由此可见，专注总是不会错的。

无论你是否有意，你的影响始终存在。

因此，发挥有效影响的重点在于有意为之，决定"这就是我想发挥的影响"。有意为之意味着主动选择对他人施加怎样的影响，这样你会获得长期持续的结果。

积极影响可以协助你传达信息，鼓励员工采取行动，取得出色的结果。这个过程形成了积极影响的强大螺旋效应——行为具有传染力，影响随着螺旋效应的上升而扩大。相反，如果你不知道自己有什么影响，那么你的影响也可能是消极的，就像本节后面的故事"不要逃避现实"展示的那样。

负面影响会产生负面结果，因为你消极地影响着他人。而且，如果预期影响因为某种原因而无法产生，结果也会受到损害。

责怪他人而不对自己的行为和结果负责，会形成恶性循环，其他人会感到害怕，不愿意承担责任，还有可能因此引发一系列的指责。

你控制着那个影响螺旋，而且那个螺旋会影响其他人。其他人看到你的行为，会认为这样做是可以的。行为孕育行为，这是影响螺旋传播的方式，既可能是积极的，也可能是消极的。

我们来看看你如何能实现影响力。本书后面的章节详细阐述了如何影响特定受众和关键情形。

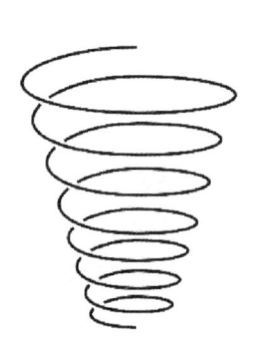

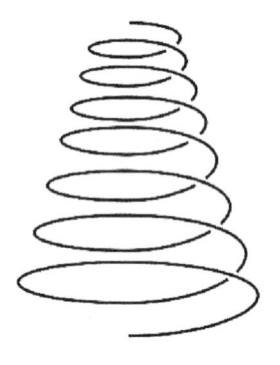

传播坏情绪

塞缪尔心情不太好。他妻子今天早上因为新工作而产生了负面情绪，这让他很恼火。她看上去痛苦而消沉，抱怨一切都不对劲。塞缪尔努力让她看到事实并不如此，但没有起到任何效果。她无缘无故就这么失望，让他很沮丧。

塞缪尔在去办公室的路上回想着这事，更加沮丧。他低头走进办公室，一脸怒气，双肩耷拉着。显然，他不在状态。一个下属走到他的办公室前，看到他的状态，她心想：我还是不进去为好。塞缪尔厉声命令她进来讨论一份报告。

过了一会儿，这个下属出来时也感到沮丧，她快步走出塞缪尔的办公室，打算告诉大家，塞缪尔今天心情很差。

1.头衔意味着什么？

我们比自己的头衔重要。我们的工作头衔不是我们的全部。此外，有头衔这么庞杂，谁知道真正的工作内容到底是什么？战略主管、高级独立非执行董事、首席产品官、首席运营官、首席营销官、首席信息官是什么？这些角色在不同机构间差别很大。有一点可以明确，即你的头衔确实具有影响力，它伴随一系列期望。如果你是首席执行官，那么你最好表现得像个首席执行官。

头衔可以带来影响力，特别是在传统等级环境中，头衔可以打开很多扇门，但除非伴随着发挥影响力的行为，否则头衔的影响力可能很短暂。就算我们没有领导者的头衔，一样可以在行为上表现得像一个领导者，这同样具有影响力。

2.你的行为方式和习惯

如果职位最高的人走进房间，你还没有见过他，你怎么知道他是职位最高的人？他应该首先介绍自己的头衔吗？不，正是行为举止使他与众不同。

我们不等于我们的头衔。然而，将头衔视为代表我们的东西，也可以产生强大的影响。头衔有时比言语更有说服力。如果一位高级领导来参加会议，他参会的行为本身（在他开口说话之前）就足够说明问题了。头衔还伴随着特定的期望。高级领导是否参会，会议会有怎样的不同呢？这个问题的答案昭示了他们能够产生的影响，或已经产生的影响。

你的职位和该职位所能触达的范围也能发挥影响。大家在多数情况下不认为自己的职位是有权势的，但周围的人却这样认为，所以职位本身自带期望。

最近，一位团队成员在会议上常说："作为董事，我觉得我们应该做X？作为董事，我的角色是X。"这只能说明他并没有像董事一样行事。如果你不得不指明自己是一位董事，说明你实际上并不是。你需要在行为上表现出自己是董事。

3.成为出色的沟通者和倾听者

想想你传递的信息:"你在非言语交流中传达了什么?"你的影响力由外表、生理状况、声音和言辞一起塑造。你的言辞可以显示出你的内心世界、思想和感受。最近,我的一位同事一直把组织描述成战场,这个比喻让周围的人产生了战斗和冲突的感觉。作为领导者,你的言辞会产生重大影响。

4.ULPs——独特领导才能

我们应该意识到自己有独特的领导才能。了解自己的发展方向固然重要,但了解自己的长处同样重要,甚至更重要。当我们能够了解并积极利用自己的长处时,就拥有了独特的领导力。

> **一次引人入胜的会议**
>
> JR刚进入房间,大家就注意到了他。JR精力充沛,有着很强的感染力。他这次召集团队开会,一起讨论战略规划。团队像往常一样充满热切的期待,因为这类会议总是进行得很顺利。JR更是信心满满。
>
> JR在会议开始时讲了一个与愿景相关的故事:他们会如何彻底改变这个行业。他的计划雄心勃勃,几乎到了让人难以置信的地

> 步，但大家依然对他确信不疑。他有一种不可思议的能力，把大家团结在对未来的远大梦想周围，他能够激励员工真心相信他们可以做到，他们确实也做到了。
>
> JR在会前拟定了要讨论的内容，结果如往常一样大获成功。他拟定的信息饱含希望和热情，并在会议中成功燃起了大家的希望和热情。大家已准备好参与进来了。
>
> JR以善于团结员工，让他们相信他所说的话而闻名。他真心相信自己的宏伟愿景和雄心壮志，因而斗志昂扬。他也谈到了遥远的未来。
>
> JR关心他人，善解人意，总是满脸笑容。他喜欢把不同行业、不同国家、不同文化背景的人聚集在一起，认为这有助于激发创新性的思考。JR能让你觉得你是那个时刻唯一重要的人。

成功的结果并非偶然，因为JR了解自己的长处，而且基于经验知道这些长处可以鼓励团队参与。他始终言行一致，所以大家知道他言出必行。

独特领导才能可以对他人产生强大的影响。它由以下几个部分组成：

- ◆ 专长和经验
- ◆ 个性
- ◆ 优势

- ◆ 声誉/品牌
- ◆ 智力
- ◆ 紧迫感
- ◆ 外观和生理状况
- ◆ 专注当下
- ◆ 让大家感受到尊重和理解
- ◆ 动机

5.领导力雷达——真正地觉察

不要逃避现实

发生了什么事（斯蒂芬的故事）

该企业再次削减成本的时候到了，这一次迫切需要提高盈利。斯蒂芬奉命削减资源，这意味着他会失去一大批员工。当时是8月，斯蒂芬必须在年底前（12月底前）提高盈利水平。挑战重重。斯蒂芬知道需要做什么，而且不喜欢别人告诉他要怎么做。根据上级要求，他需要辞退大量员工。

斯蒂芬不得不静下心来继续工作。他感到不太舒服。无疑，他能做得到，之前在职业生涯中多次进行过这种任务。但这一次不同。

斯蒂芬曾邀请路易斯和JR加入这家公司，许诺了优厚的待遇和令人兴奋的职业前景。他还记得自己在面试时多么热情洋溢，对说服他们胸有成竹。毕竟，他们以前就喜欢为他工作，他们信任他。斯蒂芬很尊重路易斯和JR，他俩也尊重他。现在他却不得不告诉他们，3个月后公司重组结束时，工作"可能"保留下来，也"可能不会"。斯蒂芬知道谁会留下，但他不能说出来。斯蒂芬决定避开路易斯和JR，免得陷入尴尬境地。

JR一定会留下来，斯蒂芬会确保他通过新的面试流程并得到工作。他开始回避JR和路易斯。当他俩试图和他交谈时，他总是没空；当他们其中之一联系他时，他总是不见人影。他确信自己可以顺利度过这一关，无须面对任何形式的对抗。斯蒂芬很清楚接下来会发生什么，但路易斯和JR却蒙在鼓里。

产生的影响（JR的故事）

真不敢相信斯蒂芬竟然躲着我，我一定在新岗位上做了某些事让他不满了。也许他认为我没有做好本职工作，也许我没有达到他的期望，他会解雇我。但斯蒂芬很欣赏我在上家公司的表现，而且一直帮我宣扬。

我只是不明白我做了什么让他不高兴了。我知道他在生我的气，因为他不像以往一样精力充沛了。他避免了对视，上周，我在走廊里看到他时，他朝着相反的方向逃走了。我肯定让他失望了。我最好开始找新工作。我很确定他会解雇我,作为成本削减的措施之一。我不会让这种情况发生,我还要照顾家人,所以我得开始认真找工作了。解雇我对他来说轻而易举。我是最后一个来这家公司的,所以我可能是第一个被赶出去的。我真心觉得我做的某些事让他失望了。

在这个例子中,斯蒂芬的行为对JR产生了很大影响。因为存在信息空白,JR开始揣测正在发生什么事。斯蒂芬显然不能告诉JR全部信息,因为这是机密,而且过程复杂,但他的行事作风与以往非常不同,误导JR得出了错误的结论,斯蒂芬因此将失去他本想留在公司的人。那么,斯蒂芬的影响是什么呢?他本来可以做些什么?

斯蒂芬没有开启他的领导力雷达,他因为恐惧和自责而退缩,所以没有意识到自己对JR产生了负面影响。

结果本来不必如此,如果斯蒂芬可以:

◆ 面对恐惧,勇往直前。
◆ 制订变革时期的沟通计划。
◆ 管理非正式沟通:走廊聊天、即时通信。
◆ 以某种方式伸出援手,而不是退避三舍。
◆ 与JR交流,把能告诉JR的信息传递给他。
◆ 考虑到自己不寻常的行为可能会如何影响到JR。

JR本来也不需要胡思乱想,可以主动找到斯蒂芬并表达自己的担忧。其实,我们每个人都应该这么做:当我们发现自己处于交流空白时，应该负起填补空白的责任，而不是助长未经证实的怀疑、预感和谣言。

那么，什么是领导力雷达呢？就像一艘船需要雷达来探测周围的情况，作为领导者，你需要有自己的雷达来了解内心世界和周围的人与环境。领导力雷达也可以描述为自我意识和社会意识，是情商（EQ）的核心。

开启了内部领导力雷达后，你会注意到以下事项：

◆ 你的感受
◆ 你在想什么
◆ 你的反应
◆ 什么使你充满活力
◆ 什么给你带来压力
◆ 你的价值观是什么
◆ 你的动力是什么

比如，如果你意识不到自己正感到紧张或沮丧，就无法根据当前状况而调整行为。另一方面，如果你对自己的内心世界了解得更深，就能更好地控制自己的心态以及它向外的投射。你可以控制自己的思想、感受、行为举止，从而实现对别人的预期影响力。

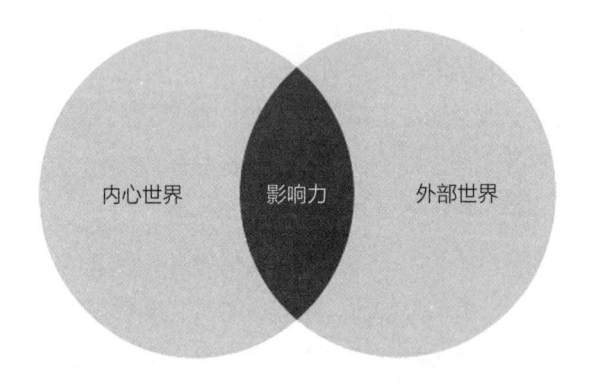

你希望自己的影响力是鼓舞人心的、引人入胜的、充满活力的、发人深省的、挑战性的、协作的、大胆的、与众不同的吗？无论你想要实现什么影响，都请首先进入自己的内心世界。

要开启外部领导力雷达，需要你观察、倾听和探索周围的世界，更好地了解环境、境况、情绪、兴趣和政治/社会风貌，这意味着你需要更了解和你一起工作的人。

运用领导力雷达进行有效的系统思考

你开启了领导力雷达后，就需要了解自己所处的系统。从系统思考的角度来看，通常有两个主要系统：一个是组织内部系统，一个是外部系统（处于组织外部的、与组织有关联的一切事物），此外，再加上自我的"内部系统"（见第1节）。这三个系统相互关联时，可以全面展现你作为领导者引起的连锁反应。了解了这三个系统之后，你可以有意识地选择自己如何表现、如何行动和如何沟通，从而实现组织的战略目标。

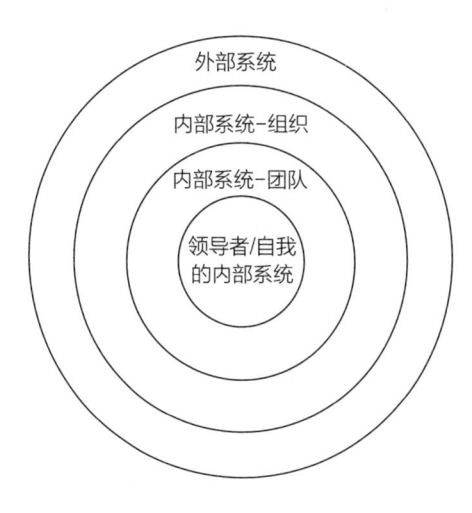

外部系统
内部系统-组织
内部系统-团队
领导者/自我的内部系统

了解你的个人价值观

你做某事或对某事做出反应时,感觉如何?如果感觉不错,说明你在做的事符合自己的价值观。

如果感觉糟糕,你在做的事很可能违背了自己的价值观。

了解自己的价值观,有助于做出更好的决策,并拥有更自觉的影响。如果你清楚地知道自己的价值观是什么,就能更有意识地利用它。对大多数人来说,价值观存在于意识和潜意识两个层面。你也许了解自己一部分的价值观,但很可能不是全部。然而,你的价值观,不管是什么,都会驱动你的行为,而且主要在潜意识层面。这就是为什么你必须了解自己的价值观,这样才可以判断这些价值观是如何创造你得到的结果的。

无论你是否意识到,你必然会遵循自己的价值观行事,而且你拥有这些价值观是有原因的。价值观会影响你的行为方式。当你遵从自己的价值观时,会感到积极乐观,而当你违逆自己的价值观时,会感到消极沉郁。当你感到积极时,也会将这种感觉传递给别人。当你感到消极时,同样也会把消极情绪传递给别人。因此,如果你了解并遵循自己的价值观,就能更好地控制自己的影响力。

当行为与价值观一致时,你会更有影响力。其他人会觉得你更真实,也会更信任你,你就会有追随者。当你按照自己的价值观行事时,会非常真实。与价值观一致的行为会产生平静而强大的存在感。其他人会注意到你言行一致,自信满满。

个人价值观是强大的。当你与他人有价值观冲突时,或当你有意无意地贬损他人的价值观时,潜在的陷阱就会出现。这可能会造成负面影响,并导致报复行为。

价值观冲突

安娜真心相信员工应该得到尊重。当塞缪尔在过道对面向她的团队成员克里斯汀大喊大叫时,她觉得塞缪尔完全没有尊重他人。塞缪尔从办公室里向整个开放式办公区域大声喊叫,要几份财务报告。从语气上看,很明显指的是"立即"。塞缪尔咆哮着,声音尖锐而愤怒,人人都能听到。整个部门几乎都屏住了呼吸,等待克里斯汀答复。

克里斯汀非常平静地拿起笔记本电脑,走进了塞缪尔的办公室。安娜可以感受到她内心的愤怒,塞缪尔竟敢以这样的态度跟别人说话,这太过分了,她不会让这种事发生的。安娜心怀沮丧,也去了塞缪尔的办公室。她快速进去并关上了门。安娜必须告诉塞缪尔,他刚刚对她和周围很多人造成了什么影响,以及这件事将以迅雷不及掩耳之速传到其他员工的耳朵里。安娜无法接受塞缪尔的做法,所以想让他意识到自己造成了什么影响。塞缪尔解释说,他只是想得到快速回应,并想快速得到结果,上司斯蒂芬给了他很大的压力,他不是故意想让安娜或其他人感到不安,只是想尽快得到结果。

在这个例子中,安娜有着尊重他人的强烈价值观。她的价值观促使她以遵循价值观的方式行事:以礼貌的方式。塞缪尔的价值观包括直率、干劲、采取行动的紧迫感、想要快速取得成果,这对安娜产生了影响,且与他本意不符。虽然他的价值观背后有着良好的意图,但并没有传递给安娜。

价值观不一致并不意味着你不能有影响力。你需要做的是尊重他人的价值观,找到共同点,让对方感受到尊重和理解。

尊重和理解他人,与强迫他人做某事相比,所产生的影响更加积极。前者是自发而持久的,而后者不能建立责任、忠诚、信任或长期合作,大家不会为你付出更多。

对文化的影响

文化在企业中是个热门的词汇。人人都在谈论文化,很多人想改变文化,结果发现改变文化就像大海捞针一样困难。这是因为文化无法由流程、策略和程序塑造。合理的基础设施可以协助塑造文化,但归根结底,文化是由大家的行为(而不是其他因素)塑造的。

无论你在哪里工作,必然有一种文化存在(就像任何社会都受文化规范的引导一样),文化要么自由放任地发展,要么可以被有意识地创造、调整和改变。由你决定。

转型变革在行为层面发生

那么，什么是文化呢？

文化决定了"事情在这里是如何完成的"，而且通常是隐性的。文化不决定"做什么"，而决定"怎么做"。文化是大家每时每刻的反应、行为和互动方式。文化不是由接待处墙上的镶框海报决定的，比那复杂多了，这就是文化带来的挑战：概念很简单，但实现过程可能非常复杂，因为习惯难以改变，而且改变需要时间。领导者及其影响力在塑造文化这一过程中有重要作用。

那么文化从哪里开始塑造呢？

虽然各级领导都负有塑造企业文化的责任，但是首席执行官和高层领导团队的责任更为重要。尽管每个员工的行为都会塑造文化，但领导者展示、接受，甚至奖励的行为才是塑造文化的最重要因素。这些行为对文化的影响最大。

"糟糕的"文化塑造者

想象一下，有个首席执行官大谈透明和开放的价值，却背着高管团队，和他"信赖的少数几个人"分享某些信息。知道实情的高管变得小心翼翼，觉得根本没有透明度可言：我得从现在开始小心行事。而且，这些高管也会减少与团队的信息分享,导致团队因为领导者的错误行为(与价值观不符)而丧失动力。领导者就是这样塑造了文化。

"好的"文化塑造者

想象一下,有家公司宣称重视员工对工作与生活的平衡。领导者随后奖励和表扬了那些在工作时间内聪明工作的员工,以及那些为了实现目标而协作的员工。领导者奖励的是自己重视的行为,而非自己不重视的行为(不奖励那些长时间工作并牺牲个人生活的员工)。领导者就是这样塑造了文化。

文化应该在每个董事会、高管团队和领导者的议程上。各级领导者为"事情应该如何完成"定下基调。文化始于顶层,但不能仅仅听命于顶层。文化需要在各级员工心中产生共鸣,并让员工成为它的"代表"。

因此,如果领导者想充分发挥文化的力量,必须首先问自己:我的表现如何?我的行为传递了什么信息?我引发了别人的什么行为?然后改变和调整自己的行为,根据需要养成新的习惯,以此塑造理想的文化。

在清晰、强大、健康的文化中,员工非常清楚该如何工作,这有助于他们为了所有成员的利益而正直行事,这是取得长期成功的唯一途径。

文化不是软绵绵的,它是企业最强大的驱动力。你作为领导者的行为,以及得到你准许的他人行为,会成为文化—言行一致,以身作则,奖励正确的行为。领导者塑造文化。

为了保持对文化影响的关注,我们在每一节的结尾加了一段"对文化的影响"。

知道自己曾积极地影响过这个世界,是一个人能得到的最好礼物。

——格洛丽亚·斯坦恩

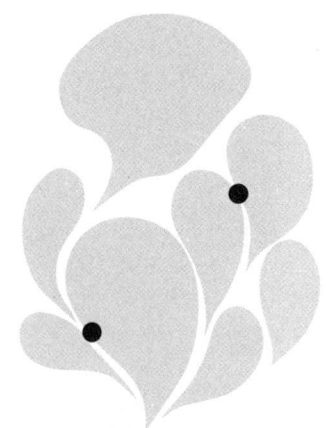

第2章
Chapter Two
对不同受众/利益相关者的影响力

从影响力角度来说，不同利益相关者以及领导者与他们的关系需要分别考虑。本书第三部分用故事来描绘对不同群体发挥影响力的机会。

每章开头会探讨特定的利益相关者群体及其需求和利益，以及（决定对他们产生更大影响时）如何考虑所有这些因素。影响力的机会和解决方案则用短篇故事的形式来说明。

第3节

对员工的影响力

> **领导力事实**
>
> 你知道吗?
> 能够引导利益相关者关注结果的首席执行官,其工作表现会提高75%。

自我评估

在阅读本节之前,快速完成以下自我评估。
你如何评价自己在这些领域中影响员工的能力?

	1 非常糟糕	2 糟糕	3 一般	4 不错	5 非常不错
富有激情的沟通和跟进公司的愿景					
个性化对待每个员工，重视差异					
帮助团队建立信心					
在工作中做真实的自己，获得更好的结果					
管理自己的品牌和声誉					

探索利益相关者群体：了解你对员工的影响

从一句陈词滥调开始：员工是企业最重要的资产。我们写下这句话时感到有些难为情——你读到它时感到难为情吗？几十年来，这句话已被过度使用，但在组织的可持续发展和可靠的财务业绩方面却没有得到应有的重视。

因此，让我们详细解读这个陈述，公正地对待它。

为什么员工如此重要？

雇用员工是为了实现组织的目标。这个目标将员工团结起来，提供对终端用户（如客户或患者）有利的服务、产品或体验。每个员工都是根据他们的特长、技能、能力、经验、态度和文化契合度来招聘的。

当我们谈论态度时，指的是一个人如何看待自己的工作，以及这种态度会如何影响工作场所的动态。文化契合度指组织的内部文化或你所在地区的文化。了解文化上的细微差别有助于员工适应特定的环境。因此，在创新而发展迅速的创业环境中，员工必须得跟上这种节奏，享受这种节奏，从尝试新事物和不断尝试、调整和改变（这些都是初创企业的日常）中获得满足和动力。

员工的工作内容、工作方式和行为方式以及他们最终为客户创造的体验都能反映出公司的情况。每个员工都是公司的品牌大使，他们应该这样看待自己，也应该被别人如此看待。

大多数组织寻求的是增长、更高的生产力、更有效的资源利用和创新的解决方案。为了实现这些目标，企业需要引导员工在日常工作中提供独特的服务，高效地为公司做出贡献。然后经由彼此合作，每个人都能充分做出贡献。

你了解了这些后，就会意识到作为领导者，你的影响力对于充分发掘员工的潜力至关重要。这样他们就能交付组织短期和长期发展所需要的成果。

员工需要什么？

一项全球雇员调查［由首席执行官/高德纳咨询公司（Gartner）主导］[8]要求员工对选择雇主时自己最看重的因素排名。从综合结果来看，这些因素在英国的排序如下（按重要性排序）：

◆ 工作与生活的平衡
◆ 稳定
◆ 地理位置

- ◆ 尊重
- ◆ 未来的职业机会
- ◆ 薪酬
- ◆ 认可
- ◆ 人员管理
- ◆ 发展机遇
- ◆ 假期

当然，根据目前的工作情况，这些因素因国而异。这就是为什么了解员工的价值观和需求如此重要，以便这些需求能够尽可能地得到满足。不过，尽管排序可能会因地域不同而有差异，上面的列表却很好地说明了员工关心的因素，无论他们身在何处。

有趣的是，该调查还显示，在全球范围内，员工往往在工作岗位上待得更久，但不见得愿意为工作额外付出——员工敬业度显然有待改善。

这就引出了员工敬业度这一问题。盖洛普进行的全球规模最大的员工敬业度研究显示，员工敬业度包含12个关键因素。员工敬业度不仅对个人有益（工作变得更加有趣和有益），对组织也有利。而且，当你仔细查看这些因素时，会发现直接上司影响了大多数（即使不是全部）因素。[9]

就个人而言，员工可能有其他的需求和期望。领导者只有意识到这一点，才能评估和理解这些需求和期望，从而真正对员工感兴趣，也才能公平地对待每个人，最大限度地发挥每个人的潜力。

影响力故事：颁奖典礼

那是年度开工大会，全球共有556人聚集在法兰克福。大家很期待这次年会。新任领导斯蒂芬将上台致开幕词，并颁发上一年度的杰出表现奖。

斯蒂芬有些慌。过去几周里，他一直忙于审查预算和（为了新职位）搬家，没有花太多时间关注颁奖这件事。简而言之，颁奖没有被优先考虑。

斯蒂芬花了很多时间准备主题演讲。他一直在思考该说些什么，该怎么说，而且一直在默默排练。

但斯蒂芬没有为颁奖典礼花时间，他也许认为颁奖典礼不需要花时间准备，到时只要读出名字就行了。

主持人邀请斯蒂芬上台，全场鼓掌雷动。虽然这是大家第一次听他讲话，但由于之前听到了不少关于他的好评，因此满怀期待。

斯蒂芬高昂着头，双肩后仰，自信洋溢，伸出双臂对大家表示欢迎。他巡视着礼堂，讲话的声音清脆而明快。他充满热情，也一直向其他人传递着这种热情。

"前几个月我一直在努力了解公司，对了解到的情况很满意。我现在可以从内部视角来观察业务，结果应该会让我更加难忘。我对眼前的一切感到兴奋。"

观众席上的人都在点头，似乎听懂了斯蒂芬说的话。随着讲话的进行，斯蒂芬越来越放松。一切进展顺利。他的演讲结束了，听众聚精会神，有些人甚至坐在了座位的边沿上。

当天晚些时候，斯蒂芬再次登台，这次是以高层领导的身份颁奖。主持人邀请斯蒂芬宣布第一位获奖者及获奖原因。斯蒂芬清了清嗓子，对着麦克风说："年度最佳客户经理奖是颁给那些对客户需求高度关注、为客户面临的难题提供了创新解决方案的人，并且为交付成果进行了跨部门合作。"

斯蒂芬从正在读的卡片中抬起头。很明显，他在读一封照本宣科的邮件，谈论的是一个与他无关的人。

"我宣布，获得这个奖的是玛丽·约翰逊。"

房间里有些混乱，许多人互相看了看周围，紧张地吸着气。没有人叫玛丽·约翰逊。但是，有一个大家都知道的名字叫玛丽亚·约翰斯顿。很明显，斯蒂芬指的应该是这个人。

主持人礼貌地纠正了斯蒂芬，并邀请玛丽亚·约翰斯顿来领奖。玛丽亚犹豫着站了起来，看起来很尴尬，这感觉不像是庆祝，几乎就像不是她的奖一样。同事们为她欢呼，但空气中充满了紧张因子。她上台时，掌声越来越响亮，几声哨声和欢呼声响了起来。

> 斯蒂芬没有注意到这些反应。他继续主持颁奖典礼,在颁奖结束前念错了另外几个名字。他本来开了个不错的头,但结尾时一切都不同了。
>
> 斯蒂芬不在的时候,晚间酒会上热门话题之一就是颁奖典礼上的失误:
>
> 我真不敢相信斯蒂芬竟然弄错了,他怎么会不注意他们的名字呢?这个很重要呀。如果他弄错了我的名字,我会觉得自己被忽视了。显然他并不关心这些奖项。如果是我,我会说点什么的。
>
> 难道他没有意识到说错名字的后果吗?我本来对他抱有很高的期望,但现在不确定了。他开了个不错的头,但我现在不知道该怎么想了。
>
> 我和团队打了个电话,他们没有参加颁奖典礼,却也询问了这件事。消息传得真快。这个第一印象不太好啊。

斯蒂芬在这个故事中起了个好头。他的准备工作和开幕式上的表现是坚定的、投入的、真诚的,给人留下了很好的印象。可悲的是,后来发生的事抹去了他在开始时获得的好感。

这里有一些问题。斯蒂芬没有做准备,对他来说,这只是一个颁奖典礼,无须做任何准备。

他对这件事缺乏真正的兴趣,所以没有用心,只是匆匆忙忙读出纸上的字，没有与员工和他们的成就联系起来。他一错再错，说明他没有注意到大家的反应。

斯蒂芬本来可以影响很多人，但他错过了机会。他需要花很多时间恢复最初的联系并逐渐建立信任。印象和声誉至关重要，它们是影响力的工具。

解决方案和工具

以下是几个对员工产生积极影响的实用解决方案和工具。

1.有远见并坚持到底

愿景关乎未来，具有巨大的力量。想想马丁·路德·金那篇著名的"我有一个梦想"的演讲吧，里面生动地描述了他对创造一个公平和平等世界的愿景。

充满活力和真诚、给人以希望和行动愿望的愿景，可以协助变革，提高参与度。

也许这是你自己的愿景，或者是你热爱的组织的既定愿景。无论如何，内化这个愿景，并在你做的每件事中体现它。找出愿景对你的启发，然后展示给外界。让大家看到和体会到，你没有流于口头承诺，而是遵循愿景行事。

不断与愿景建立联系，并帮助他人将每天所做的工作与愿景联系起来。为大家指路，这是领导者的职责。这不是额外的工作，也不是锦上添花的事，而恰恰是工作本身。

用愿景指导战略、战术计划和交流。将计划、项目、行动和流程之间的联系反映到愿景中。指出所做的每件事都有其原因。

当其他人也为愿景做出贡献时，要给予认可。

马丁·路德·金没有说"我有一个战略计划"，这么说可能就不那么吸引人了，不是吗？

按照以下步骤连接和填充愿景：

◆ 明确（公司的或你的）愿景，并用简洁的句子写下来，越短越好。

◆ 自己去探索，这样你就能与愿景建立联系，并能够热情而负责地传达愿景。想想愿景的目标是什么，以及大家如何能够与之建立联系。

◆ 与员工写邮件、做演示报告和口头交流时，定期提及愿景。确保你将战略和日常活动与愿景联系起来（阐明为什么要做某事），同时展示战略和日常活动是如何有助于实现愿景的。

正式认可甚至奖励那些行事作风符合愿景并为之做出贡献的员工。考虑设立特别的"实现愿景"奖，记录取得了切实成果的努力。例如，此奖项给予丽莎，感谢她一贯准时完成任务，履行了我们成为最可靠合作伙伴的承诺。

2.个性化对待每个员工，重视差异

看清人的本质，真正地看到他们，重视每一个人。当大家感到被看到和被听到时，往往会觉得自己很重要、很有价值，这产生了非常积极的影响，大家会想要更努力、更忠诚并贡献更多想法。

想想当某人真正倾听你并重视你的意见的时候，你感觉怎么样？你是如何表现的？这对你有什么影响？对你的工作方式、你与他人的互动方式以及对利润有什么影响？在当今世界中，数字化转型加速了变化，我们需要多元化以便能从更广泛的角度思考。这就是为什么我

们作为领导者必须学会欣赏差异。如果大家能得到认可并有机会做出独特贡献，他们就会更聪明地工作。

这里有一些可以帮助你入门的小技巧：

◆ 整理出一份问题清单。你可以在与员工交谈时使用这些问题，以便更好地了解他们自身、个人兴趣、优势以及对组织的独特贡献。例如：你现在在做什么？你觉得自己给团队带来了哪些优势？你认为我们作为一个组织应该关注哪些机会？如果你可以改变我们所做的一件事，会是哪件事？

◆ 在问题的开头使用温和的短语。提问时应该使用温和的措辞，避免给人以审问的感觉。但也不要过度使用，否则你会听起来太模糊，甚至缺乏自信。

以下是一些温和措辞的示例：我很好奇……我在想……我刚才想……我刚才在考虑……那很有意思……这很有意思，你能再多说一些吗？再说一些……

◆ 想想员工多元化的好处。问问你自己：我们怎样才能从员工的种族、背景、经历、兴趣和优势的差异中获益？这如何帮助我们持续推动创新并获得成功？用这些问题的答案指导你寻找和评估多元化。

◆ 传达你对多元化的承诺和欣赏。当多元化带来了更深入的分析、更好的决策和更有效的解决方案时，告知大家并给予更多鼓励。

3.帮助团队建立信心

就像个体一样，团队也可能有不同程度的自尊。

当团队喜欢一起工作，能够把工作做好，并且成员自身得以认可时，这个团队会自我感觉良好，团队会具有很强的自尊。

建立团队自尊是增加团队参与度的一种方式，并通过一系列方式实现个人"反应能力"的角色模型、清晰的目标、绩效反馈、发展讨论、创新的工作方式、真正的兴趣、庆祝成功和使其具有感染力。

你必须重视团队自尊。与团队一起讨论并解决以下问题：

◆ 我们目前的团队自尊是什么？我们对自己有多少信心？对自己的工作有足够的自豪感吗？取得了哪些成果？这些成果对组织的成功做出了什么贡献？

◆ 我们期待中的团队自尊是什么样的（如果和现在不同的话）？

◆ 如果存在差距，我们怎样缩小差距？怎样才能建立真正的自信呢？我们团队认同的证明是什么？我们已经取得了哪些成就，今后还可以取得哪些成就？

4.做真实的自己，脱掉公司外衣

真正的索菲亚

老板告诉索菲亚，上周她给纽约来的高级领导做汇报时表现不好。老板严厉地告诉索菲亚，她的幻灯片太死板，听起来像在照着剧本念台词。她没有按照自己本来的方式讲话，谈论的话题又很复杂，结果其他人听不懂她在说什么。她太死板了，既不愿意回答问题，也不愿意听取别人的意见。索菲亚对这个反馈感到震惊，因为这完全不是她平时的样子。

> 索菲亚为人热情洋溢而友好，亲和力强，而且有强有力的信息需要分享。但这次做汇报，索菲亚太过于公事公办，一点都不像自己。她有些懊恼，在和教练交谈后，明白她需要脱掉公司外衣，变得更像自己，更有激情，发自内心地讲话，而不是对着幻灯片照本宣科。她决定引入更多的结构，为了自己，不是为了幻灯片！她需要忘记已经养成的那种习惯。这周她还要做一次汇报，这次必须有所不同。索菲亚脱下了公司外衣，放开了自己，结果不错，反馈也比之前好得多。虽然不完美，但比先前好多了！

这个故事提醒我们，我们中有好多人正努力成为完美的企业公民。我们经过大量培训和约束，成为别人期望中的样子，却不是我们最佳状态时自己的样子。

我们有时会被误导，觉得必须：

◆ 像其他人一样

◆ 像我们的同事一样

◆ 像公司的人一样

◆ 像我们的老板一样

◆ 像我们的同事一样

◆ 像竞争者一样

◆ 像完美的演讲者、领导者、老板、合作伙伴等

与此相反，我们恰恰需要真正做自己。当我们做真实的自己时，

就在向他人展示最好的自己。

在我们与高级领导的合作中,大家常常会想:"你是否一定要在他们的发展领域开展工作,是否一定要把重点放在他们需要改进的地方?"答案是否定的。大多数时候,我们帮助他们成为真正的自己,展现真实的自己。如果我们不对这些约束条件加以审视,我们可能就无法做自己。

遵从这些约束条件,我们就无法做自己

这并不是说我们不能学习、成长和改变。当然可以。最有影响力、事业发展最快的领导者,是那些了解自我、对自我感到满意的人。他们知道何时做自己更为有利,否则他们能够相应地适应和改变。

因此,脱下你的公司外衣吧,展示真实的你,充分利用这一点,通过真实的核心与他人建立联系,然后看看自己的职业生涯会取得怎样的进展。世界上只有一个你。要珍惜。

以下是脱下公司外衣的几种切实可行的方法:

◆ **成为出色的自我领导者**。通过认清自己的价值观、激情、压力和动力来了解自己。连同其他能说明你是怎样一个人的信息,一起写下来。

◆ **认清自己的优势**。很多方法可以做到这一点:观察自己,寻求反馈,评估优势(例如,StrengthScope)。优势的例子包括:协作、结果导向、批判性思维、创造力和同理心。

◆ **思考如何在工作中更好地发挥自己的优势和特质**。列出你的职责和任务,并将你的长处和特质与之匹配,有意识地思考怎样才能充分发挥潜力。请填写下面的表格。

职责/任务	长处/特质	如何充分利用 长处/特质	对结果 有什么影响

◆ 观察和你一起工作的人，注意他们的长处和特质。这是一个很好的提醒，即没有人是万能的，但每个人都有自己独特的优点，成为出色的领导者并不是只有一种方法。

5.注意你的品牌和声誉

你对自己的品牌有多少了解？每个人都有自己的品牌，于是也就有了相应的职业声誉。

一般来说，品牌是一种概念，一种期望，存在于客户的头脑中。因此，品牌是由产品本身、围绕产品的服务和围绕产品的沟通构成的。

所有这些加在一起时，就创造了一种体验，一种客户可以期待的承诺，即品牌承诺。作为领导者，你既有品牌，又有品牌承诺。

你的品牌由你的独特优势、专长和行为组成

那么你的品牌承诺是什么呢？大家希望你做什么？他们以前和你一起经历过什么？他们期待你是可靠的、有创造力的或乐观的吗？你的品牌是什么？可以用什么词来形容你？

就像组织要考虑它的品牌一样，你也需要考虑自己作为领导者的品牌。掌控你的领导品牌，以优化影响力和协助职业发展。如果你还没有花太多时间在这上面，下面有一些问题可以帮助你开始这项工作：

开始把自己当成一个品牌

1. 当大家想到你的名字时,你希望他们联想到哪些特质?你想以什么闻名?你的领导力遗产会是什么?

2. 你如何确保大家知道这些?你会怎么表现?

3. 你是否想在某方面被视为专家,或者你是否希望自己的品牌具有某种普遍的品质?(一旦你明白了自己希望品牌如何被感知,就可以开始对自己的个人品牌进行更多的战略规划,但这并不意味着你需要丧失人情味。)

4. 你的"超级能力"是什么?你在哪个方面做得比所有人都好?

5. 大家经常因为什么赞美你?别人与你在一起时会有什么样的经历?如果你不知道这些问题的答案,可以向别人要求前馈(推动你前进的反馈)。

6. 你给别人带来了什么?你的优点是什么?你在何时/何地如何为他人/组织做出贡献?你的经理、员工、同事、朋友和客户来找你做什么?

7. 什么让你充满激情?你真正的兴趣是什么?

定期反思你的个人品牌和领导品牌。确保你了解自己的品牌承诺是什么,始终如一地履行承诺。你可能会发现,创建自己的口号并时刻把它记在心里是很有帮助的,这样你才能真正践行承诺。例如,我是一个富有创造力且思想开明的领导者;我是一个可靠而包容的领导者;我是一个善解人意又积极进取的领导者;我是一个具有战略眼光和创新精神的领导者。行动起来,像你已经实现了这些承诺一样去行动,因为这样有助于创造你追求的心态以及随后的行动/行为。

另一个需要考虑的因素是你是否需要推销自己的品牌。通常,如果你的能力目前未知或你的人际网络有限,你就需要这样做。请记住,只有当出发点是"我能为他人带来价值",而不是为了自我利益而提升自己的情况下，自我推销才能真正发挥作用。

这样思考你的品牌吧：无论是否关注，你都拥有品牌和声誉。如果你能控制自己的品牌/声誉，决定自己以什么闻名，然后采取相应的行动，你会产生更大、更积极的影响。

世上只有一个你，通过强大的、真实的和以双赢为中心的品牌和声誉来增强你的影响力吧。

影响之声

影响力是我们在他人身上创造的感觉和反应。

以下是一些与本节相关的例子：行为如何影响大家的感受，从而影响他们在工作中的反应。这就是影响力的声音和感觉。它们清楚地表明，我们所做的事一定有后果，无论好坏。我们由此深刻地认识到，自己有能力影响每时每刻的结果。影响力是一项重大的责任，领导者角色所带来的广泛影响又将影响力再次放大。

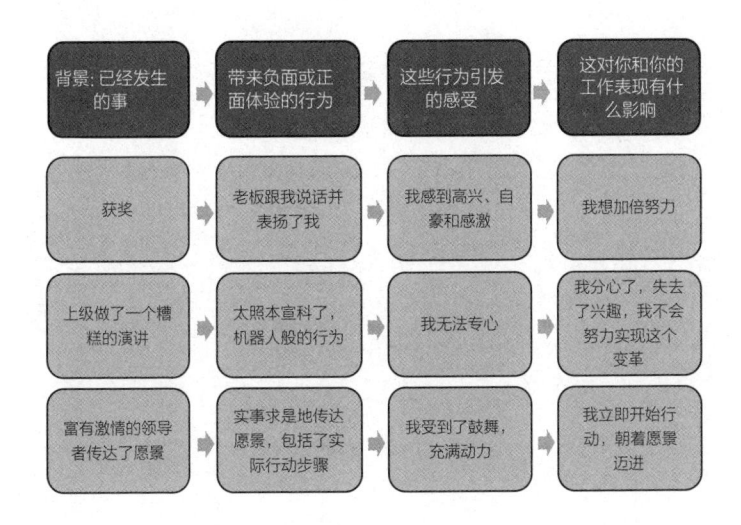

背景：已经发生的事	带来负面或正面体验的行为	这些行为引发的感受	这对你和你的工作表现有什么影响
获奖	老板跟我说话并表扬了我	我感到高兴、自豪和感激	我想加倍努力
上级做了一个糟糕的演讲	太照本宣科了，机器人般的行为	我无法专心	我分心了，失去了兴趣，我不会努力实现这个变革
富有激情的领导者传达了愿景	实事求是地传达愿景，包括了实际行动步骤	我受到了鼓舞，充满动力	我立即开始行动，朝着愿景迈进

更多解决方案：你的想法、感受和行为所扮演的角色

当你想要控制对员工的影响时，你首先需要影响你自己。

我们的想法会影响我们的感受，而我们的感受又会影响我们的思考

你可以主动替换掉那些对积极影响起反作用的想法和感受。

据估计[10]，一个人每天会产生多达7万个想法。

其中很多想法反映的是塑造一个人思维方式和观点的习惯，因此也会塑造他对周围世界的影响。影响力从内心开始。

下面是一些负面想法的例子，包括负面想法对情绪的影响以及如何将它们转变为建设性想法，使影响力行为更加有效。

消极的想法	消极的感觉	无效的行为	建设性的想法	建设性的感觉	有效的行为
这个颁奖典礼不是很重要	冷漠，缺乏活力	自满、不用心地沟通	这次颁奖典礼对大家来说意义重大	重要感，活力	用心，关心员工的成就
为什么他们还是不理解公司的愿景？我以前告诉过他们	急躁、沮丧	当别人一而再地询问与愿景相关的问题时，我感到很恼火	我显然需要更多的/以不同的方式来传达这一愿景，因为大家还没有完全认同。我如何才能更有创造性地沟通？	好奇的，具有创造力的	仔细考虑一下我该如何定位以人为本的愿景
我在工作中不能做我自己	觉得受到约束，不适应	表现客观，没有激情	我可以在工作中做自己。大家想要看到真实的我	感到舒适放松	我可以畅所欲言，表达自己，充满热情

总　结

　　无论你是首席执行官还是团队负责人，都可以通过自己信赖的员工完成工作。你依靠他们，他们也依靠你的领导以取得出色的成果。

　　把自己想象成一名出色的爱乐乐团指挥家。通过注意你对管弦乐队（你的员工）的影响，使他们能够为观众（客户和其他利益相关者）的利益而演奏。你正促使员工对听众产生强大的影响。他们交付成果，你提供支持。

　　仔细思考你想对员工产生什么影响，你想让员工产生什么感受。着重给予他们想要的感受，并让他们带着这种感受继续前进。你对员工的影响是领导力的重要组成部分。

对文化的影响

　　作为领导者，你有责任共同创造企业文化，这是领导者工作的一部分。文化是"这里做事的方式"。文化从你开始，它一步一步地发生，由一个又一个领导者塑造。无论你为员工树立什么榜样，它都将会成为你所在团队的文化，也因此将塑造组织的文化。你在每一次互动和每一个行为中塑造着文化，这是一项重大的责任，需要明智地对待。你在员工中创造了什么样的文化？你有什么样的影响力？一切从你开始。

自我评估

在完成本节中的解决方案后,请再次回答这些问题,以查看你取得的进展。

你如何评价自己在这些领域对员工的影响力?

	1 非常糟糕	2 糟糕	3 一般	4 不错	5 非常不错
富有激情的沟通和跟进公司的愿景					
个性化对待每个员工,重视差异					
帮助团队建立信心					
在工作中做真实的自己,获得更好的结果					
管理自己的品牌和声誉					

领导力表现在,因为你的存在使他人变得更好,而且当你不在的时候,你的影响还能一直持续。

——谢丽尔·桑德伯格

第4节

对上级的影响力

领导力事实

你知道吗？
员工受到鼓舞时的工作效率，比只是感到满意时高出125%。
资料来源：盖洛普/贝恩公司[11]

自我评估

在阅读本节之前，快速完成以下自我评估。
你如何评价自己在这些领域中影响上级的能力？

	1 非常糟糕	2 糟糕	3 一般	4 不错	5 非常不错
站在上级的角度思考问题					
提出聪明的问题，并给出答案					
给他人做导师，自己也从中学习					
表现得像自己更资深一样					
为会议做准备，重点关注你想要如何表现，而不是想要做什么					

探索利益相关者群体：了解你对上级的影响

比你级别高的人可以是你的直属上级、首席执行官或介于两者之间的其他领导者，也可能是组织中某个跟你没有直接关系，但存在于你的工作矩阵中的人。资历也可以归结为任期和经验。

这些人可以通过他们扮演的角色获得职位权力。因此，他们能够轻易地影响你的职业生涯，比如与其他高级领导讨论谁可以得到下一份工作。典型的职业发展和继任计划的对话是这样的：

克里斯汀的知名度

"我认为克里斯汀可以发挥比现在更大的作用。上次的团队会议上,我看到她推动了一些极具创造性的对话。"

"我同意。她也给我留下了很深的印象。她最近给我们团队帮了忙,但她本来不需要这样做。她还分享了一种新颖的方法。她很开放,跟团队分享了很多经验。我们应该鼓励这种行为。"

与会的其他领导也加入进来,分享他们类似的经历。显而易见,克里斯汀对高级领导团队也产生了影响。他们在谈话中都认可她能够而且应当承担更重要的角色,以便对组织做出更大的贡献。

这样的互动说明高级领导会注意到你的行为。你有责任让他们知道你的存在,并对他们施加有效的影响。如果他们是你工作中的重要利益相关者,那么你需要让他们记住你。

不要太纠结资历问题,因为这会影响你的行为,从而让你显得不够真实。高级领导也是人,能够与其他人产生联结。做你自己,同时要明白你有能力影响比你职位更高的人,就像你能影响你的同事(同级)或下属一样。

为了影响高级领导,你需要"设身处地地为他们着想",用与他们相近的方式思考(例如,战略性地思考)。重要的是不仅要使用更高级的思维模式,而且要表现得好像你已经处于高一级的层次了。当你这样行事时,大家会逐渐注意到你的行为,并想象你在比现在更高的职位上会如何表现。你需要表现得好像"你在高一个级别的工作中"一样。问问你自己:如果你是他们,你会如何表现?你会怎么做?

为什么你需要影响上级?

由于他们的人脉和影响力,上级可以正式或非正式地影响更多的人。他们可以在将来帮助你。他们可以把你介绍给他们认识的人,并成为你的支持者和行走"大使"。你有几位这样的"大使"?他们可以在你的职业生涯中发挥重要的作用。

这就是你要仔细考虑自己的当下影响力和预期影响力(如果两者不同的话)的原因。

想象一下,你的一整天都被会议排满了。你对每一次会议有什么影响?如果你在上一次会议上与老板或同事发生分歧,然后又把分歧带到下一次会议上呢?这会对你的影响力产生什么影响?如果最重要的高级利益相关者也在下次会议上呢?他们会怎么看你?这是你想留下的印象吗?你的影响会是积极有力的吗?会产生你想要的结果吗?

当你在会议间奔波时,需要花一分钟停下来,深呼吸,想想自己在会议上应该如何表现(除了想要达成的事项之外)。你的言谈举止和别人对你的印象,是影响力最重要的组成因素。

上级需要什么?

上级最终希望看到结果是与愿景和战略相关的实际业务成果。他们也想了解这些结果背后的背景与联系,所以你要建立这些联系。这些联系对你来说可能是显而易见的，但对他们来说未必。

上级需要看到你是有信心的，能够胜任并为他们提供解决方案。他们需要看到你是一个可以委托和信任的人。

多从战略角度思考问题，这样你与高级领导能够步调一致，他们也会更倾向于听取你的想法。

勇于提出不同的意见，善于表达新的想法。领导者希望看到大家提供新鲜而有创造力的观点。领导者既不可能也不需要知道所有问题的答案。

影响力故事：赫尔穆特敞开心扉

赫尔穆特是一位非常资深的领导者。他被视为底线驱动型：态度强硬，对他人要求高，思维理性，讲求逻辑。过来人对跟他一起工作的建议是：不要跑题，不要闲聊，他要什么就提供什么。他最看重的是取得成果，推动员工和企业发展。

因此，与赫尔穆特一起工作的员工几乎不谈论私人话题。他们不谈论业务中涉及人的方面，不进行个人分享；谈论周末几乎是个禁忌，他们也不公开谈论业务现状。

赫尔穆特的直属下级从不主动开口闲聊。他们有了赫尔穆特的许可才会接近他，犹豫着等他打招呼。他们觉得赫尔穆特对任何形式的交心都不感兴趣，所以有点害怕他。

> 团队在一次会议中分享了很多私人信息,做了一些增进互相了解的练习,赫尔穆特从中也了解到了他的影响力和私人信息的力量。
>
> 一名团队成员跟赫尔穆特聊到了他最喜欢的话题之一:滑雪!赫尔穆特非常兴奋,谈论他有多热爱滑雪,还推荐了一个很棒的意大利滑雪场和许多不错的餐厅,甚至对在斜坡上点什么午餐也有很多独到见解。团队大吃一惊。赫尔穆特非常激动,滔滔不绝。
>
> 团队花了些时间了解彼此,又一起讨论了战略性话题"他们之前是'如何'合作的"之后,接下来几个月的利润数据有了改善。赫尔穆特希望这种情况能持续下去。他理智上明白,与大家更多地分享会反过来促使他们与他更多地分享。赫尔穆特敞开心扉后,不仅很喜欢这些互动,而且也看到了这对团队的影响。他终于有敞开大家心扉的能力了。

<u>这个故事的启示</u>

领导者会影响团队,团队会影响行为的底线。改变行为会对员工和企业产生影响。企业的氛围越开放,员工间的分享就越多,结果是大家得以谈论业务中真正在发生什么。大家了解了领导者私人的一面后,会更容易敞开心扉。

从这个故事中，我们可以得到很多启示：

◆ **从直属下级的角度来看，你专心执行任务就可以产生影响。**之前大家觉得不能够畅所欲言，但有人敞开了心扉后，赫尔穆特的开放程度令人惊讶。这个惊喜产生了积极的影响，如果之前能更勇敢一些，他们本可以更迅速地影响赫尔穆特。

◆ **从高级领导的角度来看，你一直都有影响力，无论是积极的、消极的还是中立的。**在这个例子中，赫尔穆特之前没有意识到他的影响力。塑造了一种缺乏分享的文化并不是他的本意，但他太专注于工作了，这让大家觉得无法谈论其他的事情，从而对团队、下属和他个人的声誉产生了消极影响。其实这不难解决，只要改变行为就可以了。

解决方案和工具

以下是一些实用的解决方案和工具，可以对上级产生积极影响。

1.领导利益相关者

你不仅要管理利益相关者，还要引导他们，因此得规划一下。领导和管理利益相关者需要实践。

工作成绩往往取决于你与相关人员建立联系的能力。你需要建立关系网来协助眼前的和将来的工作。因此，花些时间思考你的利益相关者是谁，他们有些可能并不明显，所以你要更广泛地思考，不要拘泥于目前的角色。想想你未来的职业生涯，然后想想谁可以帮助你。

把这个简单的规划付诸实践，制订一个如何接近利益相关者的计划。你需要了解他们，了解他们的需求以及他们想从你这里得到什么，并确定你需要从他们那里得到什么。

查看下面的利益相关者地图,并标记出你的利益相关者。他们分别属于哪个类别?把名字写在相应的格子里。

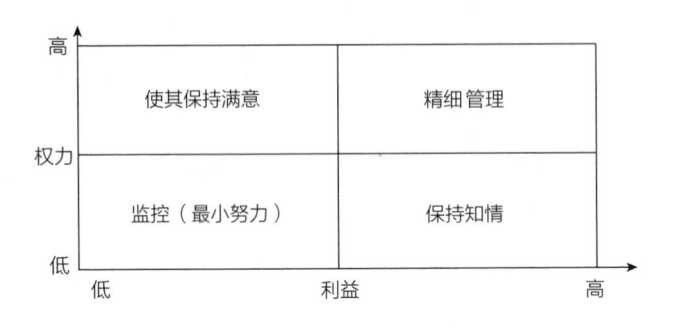

	利益低	利益高
权力高	使其保持满意	精细管理
权力低	监控(最小努力)	保持知情

利益相关者地图

来源:思维工具(Mindtools.com)

确定三到五个你需要增进关系的关键利益相关者,然后完成以下计划。

确定需要增进关系的三到五个关键利益相关者	名字、职位以及为何他的支持如此重要?	支持级别:红色、琥珀色或绿色	后续承诺/行动

红色=不支持你的;琥珀色=中性;绿色=支持你的

以上步骤适用于对所有利益相关者进行引导和管理。就本节而言，我们建议你更多地关注上级。

2.影响利益相关者

能够影响利益相关者是领导力的另一个有力步骤。有些人影响和说服他人较容易，有些人则需要付出额外的努力。

要对上级产生影响，你要能够与战略和愿景建立联系，并以高级的方式传达这些信息。

概述与详述

可以用概述和详述的方式与上级沟通。保持简洁，并根据需要选择概述或详述。一般来说，细节要足够，但不宜过多，要灵活应对。有些领导者喜欢管理概要（概述），有些喜欢细节（详述）。弄清楚不同领导的偏好，根据需要调整你的风格，从而发挥更大的影响力。

如果你更多地考虑上级希望怎样获得信息，而不是你想怎样提供信息，你就会与上级建立更紧密的联系。问问自己：怎样才能让上级听取我的意见？

用讲故事的方式

纵观这本书，我们分享了很多影响力如何运作的例子。这种沟通技巧简称讲故事。大多数人更容易从故事和示例中（而不仅仅是事实）得到启发，所以讲故事是一种引人入胜的好方法。在影响利益相关者时，讲故事有助于传递你的信息。所以，用故事来说明观点吧，让你的信息生动起来。高级领导也会使用讲故事的方法，获取相关信息，然后想一个可以让它变得生动的例子。你还可以搜集故事来增加数据的价值。

研究表明，我们的大脑喜欢故事，故事会释放催产素，这是一种会引起移情的神经化学物质。根据保罗·扎克[12]的说法，催产素使大家对社会暗示更加敏感，促使大家帮助和支持他人。

说出来

有时大家害怕与上级讲话，他们可能不愿意传递坏消息或发表与上级不同的观点，这往往不利于创新或获得出色的成果。不要做一个应声虫。请记住，上级需要信息来做出重大决策。他们依靠与业务和客户关系密切的人来了解实际业务情况，当你以一种协作的、建设性的、支持性的和善意的方式沟通时，不仅增加了信息或想法被倾听和接受的机会，也因为敢于表达观点而产生了影响。如果能有效地实施，这对上级来说也将是令人耳目一新的经历。

职工大会：聪明的问题，而不是聪明的答案

JR成了新任领导。为了留下不错的第一印象，他组织了一次全体员工参与的职工大会，想让大家知道他是谁，以及他对业务的愿景是什么。

员工们来到大礼堂，聚集在JR面前。JR格外期待这次大会。他扫视了一下整个礼堂，大家脸上洋溢着热切的期待，渴望听到他要传达的信息。JR深吸了一口气，清了清嗓子，准备开始讲话。

"欢迎大家参加第一次职工大会。很开心能跟大家见面。我对公司的业务充满热情。我想和大家分享一下我对公司未来的一些看法，那些对我来说真正重要的事情。"

JR接着谈到了他对业务增长和全球市场机遇有多么兴奋，对客户和用户有多么感兴趣。JR是一个出色的沟通者，他对大家的反应很满意。有些人点着头，有些人微笑着，有些人专心地看着他，等他继续往下说。

JR能让你觉得房间里只有你一个人，他只是在和你说话。他很有魅力，而且，显然他为了这次会议做了充分准备。他很享受自己说的话，并且能看出他相信自己说的话。大家兴奋起来。JR说的内容不同于以前的领导，非常不同。

JR放慢了语速，环视了一下房间，准备开始演讲的最后一部分。

"我希望你们闭上眼睛。"大家很快地对视了一下。奇怪，他们想：他想做什么呢？

"想象一下3年后的情形。你走进办公室时感觉很好；你

> 能拍板做决定,知道对什么负责;你相信未来,想努力实现目标。现在告诉我:那是什么样的?你能看到什么?那听起来是什么样的?你听到别人在说些什么?对你来说那是什么感觉?我想听听你们的想法。"JR继续说道。
>
> 一阵沉默,大家互相望着,希望得到说话的许可。有个人说话了,随后大家开始讨论并说出了自己的想法。
>
> JR很高兴,他对会议的进展很满意。

在这个例子中,JR表现出了出色的高级领导才能,他是良好的沟通者和倾听者,他想了解别人的想法和感受。他想创造一流的工作环境,让员工参与到他们期待的工作中去。他启发大家思考未来。JR没有所有问题的答案。

你的职位越高,就越不需要知道所有答案。即使你想知道,也不可能获得所有答案。对高级领导来说,提出聪明的问题比获得聪明的答案更重要。在这个例子中,JR本可以告诉员工,他想要创造的这个环境和文化的外观、感觉和声音是什么样的,但效果远远不如向他们提问。

所以,你的职位越高,你就越会提出聪明的问题,这不仅会促使别人学习和成长,也会使你显得更加资深。当然,你必须有答案,但提出聪明的问题有时是更聪明的做法。

把这些问题添加到你的列表中,练习提出聪明的问题:

- ◆ 告诉我关于……的更多信息
- ◆ 以什么方式……
- ◆ 那怎么可能……
- ◆ 还会发生什么……

3.利用自发指导和反向指导

指导是与上级建立联系的绝佳方式，其中的反向指导是一种很有帮助的方法。反向指导意味着你们相互学习，同时扮演导师和学员的角色。

自发指导和反向指导

自发指导意味着指导自然发生，即一个人从他们想作为导师的人那里寻找指导和支持。指导是自发的，能满足学员的特定需求，由学员和导师的愿望推动，他们俩都认可指导关系的价值和益处。当两个人都想建立指导关系时，这种关系会自然地建立。反向指导意味着两个人相互学习，即资历较深的人和资历较浅的人都在学习。

如何使你的自发指导和反向指导过程取得成功

我们建议尽可能采取自发指导，同时提供一些结构和支持，使导师和学员能够轻松地推进指导过程。

启动指导的一个重要因素是清晰的目标和沟通策略，使参与者能真正"理解"指导的好处。沟通在整个指导过程中应该持续进行，从而保持动力，鼓励参与者保持积极主动，在与导师或学员的对话中寻找持续学习的机会。

另一个重要因素是让导师和学员做好各自的角色准备,这包含6个步骤:

1.	确定预期效果	你希望高级导师帮助你实现什么目标?
2.	作为学员	确定你能够学习到哪些经验/技能/特质,确定你确实需要一位导师
3.	作为导师	考虑你的哪些经验/技能可能会对学员有价值
4.	澄清角色	成为导师意味着什么?成为学员意味着什么?对我的期望是什么?
5.	考虑如何构建指导关系以实现最大收益	例如:持续多长时间?多久见一次面/谈一次话?我们需要在哪些指导原则上达成共识?(比如保密性等)
6.	行为建议	例如:保持开放的心态,善于倾听,运用批判性思维—放弃"需要正确"的需求,对学习机会保持真正开放的心态

除此之外,我们还注意到导师从指导过程中得到的好处往往没有得到足够重视,使指导关系的潜力无法充分发挥出来。导师应该从指导关系中得到与学员同样多的收获。你可以从分享自己的经验和见解中学到很多东西,同时会明白这些分享对导师也有好处。我们发现,那些开始指导别人并意识到自己也将经历一次学习过程的导师会变得更强。反向指导会促使这种情况发生。

如果反向指导能有效执行,会成为强大而富有创造力的过程,可以加强所有参与方的学习效果。

做自己的品牌经理——"表现得像个品牌经理"

把自己视为一个品牌,并成为自己的品牌经理。不管你是否在意，你都必然拥有自己的品牌和声誉，这意味着掌控你的未来，掌控你给别人留下的印象。你的职业生涯不只是向上的阶梯而已，更是发展你的技能、能力和行为的机会，更多地与同事和领导合作能够帮助你实现这一点。重要的是你如何在不断变化的环境中发展和成长。你永远不知道什么时候同事会成为老板，所以要始终考虑自己的品牌影响力。

为了提升你的形象和品牌（自我公关），改善行为比执行工作任务有效得多。你的行为举止非常重要。完成工作任务只是最低要求，行为举止才是把你与别人区分开来的差异点。

为了提升你的自我推销能力，我们建议你练习"表现得像你已经在那个职位上"的技巧。当你对自己诚实时，这种方法十分有效。如果你不是一个聒噪的人，那么对正在做的事大喊大叫就不是有效的自我推销方式。你必须按照自己的真实风格来做事。

要"表现得像你已经在那个职位上"，你需要站在上级的立场上问自己：我该怎么做，我在那个位置上应该怎么表现？当你观察别人，并且看到他们"表现得好像他们已经在那个职位上"一样（以一种真实的方式），那么其他人也会认定他们已经为下一个级别的职位做好了准备。

当你"表现得像你已经在那个职位上"时，可以采用下面的一些行为。选择一些对你来说是真实的、可尝试的行为。

◆ 好奇

◆ 思想开放

◆ 细心

◆ 包容

◆ 坚定

◆ 诚实

- ◆ 积极
- ◆ 勇敢
- ◆ 善解人意
- ◆ 适应能力强

交叉校准会议

斯蒂芬主持了交叉校准会议。在这次会议上，所有高级领导都围坐在大桌子旁，面前摆着一张比平常更大的电子表格。他们还准备了一张空白的白板来整理讨论结果。这次会议的目的是讨论直属下级的绩效，并与同事的绩效横向比较以确保一致性。会议上的这些讨论总是很激烈，所以现场气氛有些紧张。

斯蒂芬开始谈论安娜。他急于推动讨论。

"安娜今年表现得不错，超出了我所有的期望。我发现她乐于助人，办事也很有效率。她做事灵活，完成自己的工作之余，还会全力帮助其他团队。"

同事们的反应让斯蒂芬感到惊讶。他还没说完，他们就插话说，他们发现安娜乐于助人，总在解决团队面临的挑战和问题。安娜一直通过参与自己领域之外的工作任务来学习新技能，也通过与其他团队分享信息来发展与同事的关系。这些大家都注意到了，她做得主动而自然。

> 斯蒂芬想给安娜升职。晋升进行得很顺利,得到了很多支持,有很多关于安娜的正面反馈。斯蒂芬迫不及待地想告诉安娜这个好消息。他希望关于塞缪尔的谈话也能这么顺利。

这次会议展示了高级领导如何讨论团队和团队的表现。安娜示范了如何分享自己的想法、如何有创造性地在完成本职工作的同时帮助自己领域之外的其他同事。安娜善于建立和发展良好的人际关系,从而获得自我提升,这说明她希望不断成长和发展。安娜一直很积极,乐于助人,不断学习新知识,不害怕无知。她表现出了对学习型文化的信念。

检查一下你的自我推销。你做得如何?

4.为会议做准备——做什么,怎样做

你在组织中的职位越高,需要准备会议的次数就越多,这是显而易见的。不那么明显的是,大家会花多少时间来准备他们在会议中的"表现",而不是他们要做的"事情"。大多数人会把全部的准备时间花在需要做的事情上。他们会思考自己想说什么,在幻灯片或口头交流上需要说什么,想传达的信息是什么。

要成为更资深的人,并以更资深的方式行事,需要我们把至少50%的准备时间花费在如何在会议中的"表现"上。把更多的时间用在这些重要的方面是关键。

假设你正准备在季度业务回顾会议上发言,并且要提供业务进展或项目/工作执行情况的相关信息。

用下面的表格来计划"我在这次会议中应该如何表现"。

我应该坐在哪里?在房间的什么位置?	我是否与参会的人分享了一些成果?	议程上还有什么是我应该知道的?
我应该从哪里谈起?	我需要处于什么心态?	我应该如何定位要讲的故事,使它更容易被接受?
谁会参加会议?	我希望他们有什么样的体验?	我应该如何谈论全局并平衡细节呢?
我是否谈到了战略?	我应该如何影响参会人员?	我怎样能使同事参与进来呢?怎样确保大家都能集中精力?

这不是一个完整的列表,你可以根据具体会议为自己创建更多"如何表现"的提醒。你要做的是花更多的准备时间在"如何表现"上。只需增加花在上面的时间(比现在多)就可以增加你的积极影响。

影响之声

影响力是我们在他人身上创造的感觉和反应。

以下是一些与本节相关的例子:行为如何影响大家的感受,从而影响他们在工作中的反应,这就是影响力的声音和感觉。这些清楚地表明,我们所做的事一定有后果,无论好坏,我们由此深刻地认识到,自己有能力影响每时每刻的结果。影响力是一项重大的责任,领导者角色所带来的广泛影响又将影响力再次放大。

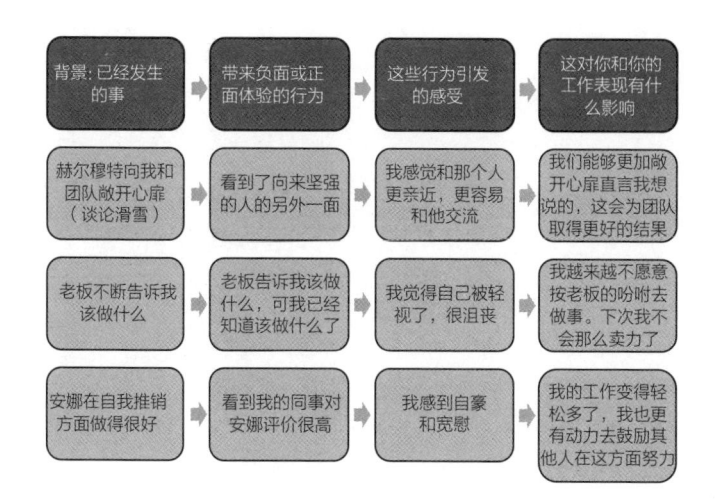

背景:已经发生的事	带来负面或正面体验的行为	这些行为引发的感受	这对你和你的工作表现有什么影响
赫尔穆特向我和团队敞开心扉（谈论滑雪）	看到了向来坚强的人的另外一面	我感觉和那个人更亲近，更容易和他交流	我们能够更加敞开心扉直言我想说的，这会为团队取得更好的结果
老板不断告诉我该做什么	老板告诉我该做什么，可我已经知道该做什么了	我觉得自己被轻视了，很沮丧	我越来越不愿意按老板的吩咐去做事。下次我不会那么卖力了
安娜在自我推销方面做得很好	看到我的同事对安娜评价很高	我感到自豪和宽慰	我的工作变得轻松多了，我也更有动力去鼓励其他人在这方面努力

更多解决方案：你的想法、感受和行为所扮演的角色

当你想要控制对上级的影响时，你首先需要影响你自己。

我们的想法会影响我们的感受，而我们的感受又会影响我们的思考

你可以主动替换掉那些对积极影响起反作用的想法和感受。

据估计[13]，一个人每天会产生多达7万个想法。

这其中很多想法反映的是塑造一个人思维方式和观点的习惯，因此也会塑造他对周围世界的影响。影响力从内心开始。

下面是一些负面想法的例子，包括负面想法对情绪的影响以及如何将它们转变为建设性想法，使影响力行为更加有效。

消极的想法	消极的感觉	无效的行为	建设性的想法	建设性的感觉	有效的行为
赫尔穆特对我不感兴趣	不信任、恐惧	隐瞒信息	赫尔穆特是感兴趣的，我得想个办法说服他	支持，乐于帮忙	创造更多分享和学习的空间
我能为这个高级领导带来什么价值？他知道的比我多	自我怀疑	打击自信，停滞不前	我怎样才能展示我能为这次谈话带来什么价值呢？我应该把重点放在这上面	积极，更有信心	自愿提供信息，敢于分享大胆的想法
我必须是对的	害怕自己不知道答案	不要求输入	我不需要知道所有的答案。我相信我自己	好奇	用心提问和倾听
我很担心同事们对我关于安娜的评论会有什么反应	焦虑	不完全诚实	我对自己对安娜的观察很有信心	积极，平静	分享我的观察结果，让别人证实我的想法

总 结

如果你想对上级产生强大而有针对性的影响，那么请更有意识地关注和创造这种影响。回顾上文给出的解决方案，记住要注意自己的心态和这种心态的影响。心态应该简单些，关注那些能取得良好成果的小事。

如果你是一位高级领导，本节也创造了很多机会督促你反思和理解自己对下属的影响。你的头衔常常先于你本人产生影响，所以你只要走进一个房间或拨入一个电话会议就已经产生了影响。作为高级领导,你要承担起与职位相匹配的责任。因此,你应该了解自己期望产生什么影响,并确保它符合现实。

> **对文化的影响**
>
> 领导者每天都在创造文化。影响上级的方法很简单:积极影响企业文化。改变从自己做起。你越是能够影响上级,就越能够影响公司的文化和运作方式。影响力能够上下流动的工作场所往往更有包容性和协作性,最终每个人都能从中受益。

自我评估

在完成本节中的解决方案后,请再次回答这些问题,以查看你取得的进展。

你如何评价自己在这些领域对上级的影响力?

	1 非常糟糕	2 糟糕	3 一般	4 不错	5 非常不错
站在上级的角度思考问题					
提出聪明的问题，并给出答案					
给他人做导师，自己也从中学习					
表现得像自己更资深一样					
为会议做准备，重点关注你想要如何表现，而不是想要做什么					

如果你觉得自己太渺小以至于没有影响力，那就试试与蚊子一起睡觉吧。

——安妮塔·罗迪克

第5节

对同事的影响力

> **领导力事实**
>
> 你知道吗?
> 盖洛普对7272名美国成年人进行研究后发现,每两个人中就有一个人辞职,原因是为了远离上司,以便在职业生涯的某个阶段改善自己的整体生活质量。[14]

自我评估

在阅读本节之前,快速完成以下自我评估。
你如何评价自己在这些领域中影响同事的能力?

	1 非常糟糕	2 糟糕	3 一般	4 不错	5 非常不错
把同事视为客户					
给予同事应有的赞许					
给他人做导师，自己也从中学习					
给同事提供反馈意见					
有政治意识					
寻求与同事一起学习的机会					

探索利益相关者群体：了解你对同事的影响

许多组织协作发生在同事层面，大多数竞争也发生在这个层面，这意味着你面对一个复杂环境，需要仔细考量。良性竞争无可厚非，可以推动企业进步，但当竞争发展成"彼此超越"的状态时，就会阻碍业务的发展。从长远来看，任何短期的个人收益都是双输的。协作是成功的（线上和线下）工作场所的核心。

多年来，我们经常从英国版真人秀《学徒》（The Apprentice）中反思领导者和组织可以从考验和磨难中学到的经验和教训。

在《学徒》中，参与者是一组同龄人，被分为两个互相竞争的团队。团队需要共同努力才能完成任务，每个项目都需要选出一个人作为领导者。每个项目结束时，两个团队的成果会得到评估，一个团队获胜，另一个团队中至少有一个人会被解雇。

以下是我们最近对同事关系的反思。

《学徒》

遗憾的是，《学徒》经常只被当成娱乐节目，它其实更像是一个精彩的"如果你想以强大而有建设性的方式影响他人时要避免做哪些事"的大师班。

当然，我们理解《学徒》确实需要有娱乐性，而且选择参与者时也考虑到了这一点。

以下是在最近一季中，从团队协作、队友间协作和成功协作的角度来看，学徒候选人分别做错了和做对了的5件事。这些观察大多反映了最近几季中一致的趋势。

他们做错的5件事：

1.自我中心的行为

谁愿意和只关心自己的人一起工作呢？自我中心的行为表现为"我是天生的领导者"，"没有人是来这里交朋友的"，"我知道我可以在这场竞争中击败任何人"等。你愿意为说这种话的人付出一切吗？这种以自我为中心的观点很容易引起他人的不满，对团队精神毫无助益。

如果你不得不说"我是天生的领导者",那么你可能根本就不是真正的领导者。

2.推卸责任

一旦事情开始变得糟糕,候选人会迅速把矛头指向对方,指向他们的队友。这种情况有时发生在任务进行时,但更多的发生在会议室里,在大家希望把负面注意力从自己身上移开时。指责游戏的问题在于个人责任感的缺失,从而让指手画脚的人显得无能。在评估结果时,尊重他人不是不可能,这只是一种行为选择,一流的团队成员和领导者会始终尊重他人。你永远不知道同事会什么时候换一个新的职位,甚至成为你的老板。

3.缺乏规划

许多任务都是计划不周的。在弄清楚他们应该如何合作、如何沟通以及如何汇报之前,团队就迅速地进入了行动模式。团队成员和子团队之间没有达成共识,以确保他们知道彼此都在朝同一个方向努力。其中一个例子是,当团队安排晚间活动时,团队成员以不同的价格销售不同内容的门票。花时间计划、组织和协调任务是团队协作的重要组成部分。优秀和成功的团队为这个关键的过程投入了时间。

4.不承认彼此的优势

成员间没有充分倾听彼此的意见,也没有弄清楚如何最好地利用团队的资源。他们都认为自己是来做自我推销的,在某种程度上,这个想法显然是灌输给他们的,但没有人是孤立的,没有人能靠自己赢得一项任务,就像在现实生活中一样!例如,当团队创建虚拟现实游戏时,在品牌和平面设计方面最有经验的人并没有负责这项任务。如果这些优势得到重视和利用,结果可能会更加成功。发挥团队中的优势是成功的秘诀,承认这些优势并使用具有适当技能的人意味着能够更高效地完成任务,并取得更好的结果。在同事小组中,你们总是可以利用彼此的专长或优势,从而共同取得更大的成就。

5.缺乏沟通

在几乎每一项任务中,子团队之间的沟通都不充分,无法协调彼此的目的和方法。例如,当他们展示虚拟游戏《摩力壳》(*Magic Shells*)时,没有人知道谁做了什么。场面很混乱,看起来很不专业。反馈作为提高表现的工具也在很大程度上被忽视了。他们要么根本不给予反馈(只是翻白眼),要么就是沮丧地尖叫。结果,真正的改变并没有发生,有的只是冲突和摩擦。不仅如此,他们的倾听能力也很低下。候选人彼此同时说话,结果根本听不见对方。沟通——特别是双向沟通——是至关重要的。在同事关系中,双向沟通可以用来确保团队高效团结。真正的倾听是值得特别关注的。

他们做对的5件事

1.有一个明确的目标

所有任务都有一个非常明确的目标和成功指标,这有助于团队思考如何以最佳方式实现这一目标。即便目标没有提供给你们,或者只是被当作将你们团结到一起的引子而已,你仍然可以与自己的小组一起定义目标。如果没有目标,大家就集体商定一个。

2.任命领导者

要实现团队合作,尤其在时间紧迫的时候,你们需要一个领导者来迅速推动团队前进。《学徒》团队在讨论谁最适合这个角色时就使用了这一原则。领导者因任务的不同而改变,以利用共享领导的好处。这是发挥同事小组优势的好方法,大家经常使用这种方法,比如在轮值会议"主席"时,这能建立信任和承诺,是与同事合作的好方法。

3.处理快节奏

他们只有很少的时间来执行任务,就像现实生活中一样。他们展示了如何在短时间内完成任务。与你的同事合作以更快的速度完成工作,从而加快工作进度。

4.审查结果

回顾一下任务或项目的结果,找出哪些部分进展顺利,哪些部分进展受阻。与同事一起回顾是一个很好的学习机会,所有的结果都是学习的机会。这样你在同事之间就建立了一种学习文化。

5.庆祝成功

任务赢家总能从奖励和庆祝中得到鼓舞,分享成就带来的自豪感可以使团队更团结。

《学徒》是一个很好的例子,展示了大家如何在一个快节奏、竞争激烈的环境中相互影响。候选人都是同龄人,他们中的某一个需要不时地挺身而出,担任领导者的角色。因此,我们可以从观察这些互动和反思互动所产生的(正面或负面的)影响中学到很多东西。

我们来仔细地看看同事间竞争和协作如何发挥作用,以及管理竞争和协作为何如此重要。

<u>为什么同事如此重要?</u>

同事通常可以分担领导责任,对更高层的领导团队来说尤其如此。事实上,成功的公司将越来越依赖于领导者间的合作和共享领导的能力。造成这种情况的原因有很多,例如:

◆ 文化趋势正朝着更民主、更扁平化的工作方式发展。麦肯锡[15]（Mckinsey）的"敏捷组织的五个标志"模型展示了组织如何从"机器"模型向有机体模型转变。

像机器一样工作的组织模式	向有机体过渡的组织模式
自上而下的层级行为	条条框框不太重要，更多跨界的工作
工作场所充满官僚作风	行动的重要性减弱
工作中单独行动为主	以灵活的资源为基础的快速变革
员工得到详细的指示	领导者指明方向，给予团队行动自由
	团队建立在端到端问责制的基础上，以更快获得结果

敏捷组织正逐渐成为占主导地位的新组织范式

https://www.mckinsey.com/business-functions/organization/our-insights/the-five-trademarks-of-agile-organizations

◆ 快速变化意味着没人能包揽所有的答案（包括领导者），因此必须增加合作。

◆ 强化协作和创造性交流可以增强创新。

反馈文化

我们的一位前同事希望通过完全透明的反馈和绩效评估来创建反馈文化。作为同事,你可以在网上审阅任何人并提供反馈,也可以查看其他人对他们的看法。这位前同事想创造一个环境,让大家的工作表现变得公开透明,他想让大家更多地意识到他们是如何被他人看待的,以及他们产生了什么影响。他的想法是,提高透明度会让大家仔细思考自己的影响力,而不是不考虑他人就采取行动。这是一个大胆的提议,很多人可能还没做好心理准备,但我们认为这对所有人来说都是值得深思的想法。如果真有这种透明的制度呢?为了对同事和其他人产生强大而有益的影响,我应该做些什么?为什么呢?

当你无法与老板或直属团队分享你对挑战和挫折的想法时,同事可以成为你表达想法的宝贵社区。因此,同事之间的信任是非常重要的。当彼此能够放下防备并互相信任时,很多相互学习的机会会因此产生。你需要你的同事,就这么简单。

我们在工作上投入了大量时间,为什么不借机与同事交流,反而要断开与他们的联系呢?

你不知道接下来带领团队的会是谁,或某位同事会担任什么职位。谁知道呢,将来他们甚至可能会成为客户!为了在短期甚至长期内获益,此刻就开始考虑你的影响力吧。

要有政治意识。同事会对你的职业生涯和未来产生重大影响。越来越多的高级领导者要求你的同事就你作为领导者的效率和成就提供意见。在交叉校准和继任计划会议中进行职业讨论时,这种情况尤其常见。其实,当你或你的职业生涯被讨论时,同事们都会被问及你的影响力。

同事需要什么?

他们。需要。你。

就是这样,没人能独自成功。同事需要协作,需要你的意见,无论他们是否完全理解或阐明过这一点——上文列出的所有内容。同事需要你的支持,需要你(向他人)寻求帮助,需要与你交流看法——常规的或有针对性而紧迫的。你的知识、经验、想法和建议都是他们需要的。当团队合作发生在同级领导者之间时,你们会获益更多:1+1至少等于3。协作的水平和深度决定了结果有多少倍增效果。付出更多,收获更多。

影响力故事:单打独斗

索菲亚擅长组织演讲,她不仅喜欢做这件事,而且莫名觉得别人也希望她承担这个职责。

大客户会议即将召开,其中的大部分工作由索菲亚负责。她想要掌控全局,从团队拿到数据后,熬了几天夜来准备材料。

一些同事也会参加客户会议并承担一定职责，但索菲亚急于自己解决所有问题，并且以为同事会因此而感激她。

索菲亚一贯将同事视为竞争对手。她对自己的能力有些怀疑，所以想向所有人证明自己与其他人一样出色。完全包揽准备工作意味着她要对这个主题的方方面面做研究，因此，她很清楚有些命题不在自己的专长领域内。

克里斯汀一直在思考汇报内容，她有几个好主意，但太忙了没有时间去找索菲亚，所以一直等着索菲亚来找她。

开会的日子到了。索菲亚、克里斯汀和其他3位同事与客户组聚集在会议室。

索菲亚充满自信地展示了数据。客户很喜欢她的分享，他们想了解更多内容，也想和她一起继续探讨。然而，克里斯汀和其他同事对于没有参与而感到沮丧。报告做得不错，但如果有了他们的参与可能会更好。他们感到被排除在外，受到了冷落。

在这个故事中，索菲亚没有告诉同事她在做什么。她本应该让同事参与进来，但由于种种原因没有这么做。她并不完全信任其他人，认为自己可以独立完成。而且，她认为其他人比她聪明，所以在邀请他们参与之前，她需要知道所有答案。但在这个例子中，索菲亚因为时间不够而没有让同事参与——如果她向同事求助，时间紧迫这个问题本来是可以解决的。索菲亚的同事感到沮丧，因为当她终于来找他们的时候，感觉更像是"告知"而不是"询问"。理论上，索菲亚已经考虑了一切，但实际上没有，她需要同事的意见，所以（当没有考虑同事的意见时）汇报的结果并不是很好，这也影响了她的同事：他们觉得自己没有被包括在内，下一次也不太可能再热忱地帮助她。索菲亚这么做削弱了同事对她的信任，而不是获得了信任。

解决方案和工具

以下是一些对同事产生积极影响的实用解决方案和工具。

1.视同事为客户

如果你还没有这样做，现在就开始把同事当成你的顾客。想象他们是你可以为之服务的人，你可以帮助的人，你真正尊重的人，你希望为之做好事的人。然后注意会发生什么。影响力始于你的思想，你对别人的看法会塑造你的影响力。如果你不喜欢他们或视他们为竞争对手，这会有意或无意地驱使你做出某些行为。积极的影响始于你对同事的看法，并通过你对待他们的方式而得到巩固。

同事得到晋升

JR是个聪明人，大家都觉得他很快就会升职。他之前在一家有名的大公司，销售做得非常成功。JR加入新团队后，一门心思深耕自己的领域，努力打造业绩，毕竟这决定了他的奖金。在大家眼里，JR是个有成就的人，但总是单打独斗。他业绩不错，很受欢迎。

JR的同事对他则不太满意，因为JR没有分享过他的成功秘诀。JR似乎不愿意跟同事开会，也不愿意花时间了解同事及他们的顾客。一旦事情超出了他的工作范畴或者对销售业绩没有帮助，JR就会置身事外，没有伸出过援手。

后来，该团队的负责人得到了晋升，调去了另一个大区。JR升职的机会来了，但同事反对让JR成为新的团队负责人。当他们被问及对JR的看法时，他们的回答是，没错，他的业绩的确不错，但他足以代表整个团队吗？JR似乎只对自己的绩效感兴趣，同事因此怀疑他能不能成为好的领导者。

另一个团队成员对同事很热心，经常分享他的销售策略。他们在共同的客户倡议上合作，而他似乎很在乎团队的利益。据他自己说，他把团队视为内部客户，就像他的外部客户一样。

现在问题来了：谁会获得团队负责人这个职位？

2.勤于赞扬，吝于责备

推卸责任是产生负面影响的绝佳方式，绝对应该避免。出现问题时，与其责备，不如专心寻找解决方案。要对同事的成绩给予肯定：表扬建设性的行为。不要把不属于你的功劳据为己有。要有足够的信心去鼓舞他人，让他们闪光。

3.给同事提意见

弄清楚每个人最擅长什么，然后认可这些优点并给予反馈意见。每位同事都有你不具备的独特优势。你越了解同事的优势，就越能充分发挥他们的优势，并突出组织如何从每个人的充分贡献中受益。这样做降低了不良竞争的风险，大家觉得自己是独一无二的，对不良竞争的需求也就相应减少了。

反馈当然也应该包括发展点。当你发现同事的行为在某种情况下产生了负面影响时，请坦诚地告诉他们。如果你心有疑虑，要意识到让他们知道比让他们继续重复无效的行为更加仁慈。在这方面，TOP反馈模型能帮上忙。

◆ 分享你的观察结果。你看到他们说了什么，做了什么，还有其他行为吗？

◆ 分享同事的行为举止对团队、组织和你的影响。这个模型旨在让你从各个角度思考同事的行为对团队、组织和你的影响。这样大家能够意识到他们对所有受众的影响，促使他们从更广泛的角度思考问题。

◆ 提出改进（或与现有行为相似的，如果反馈是正面的）建议。

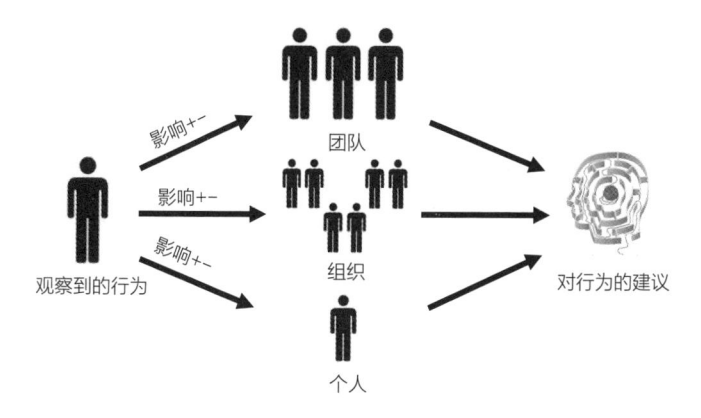

第2章 对不同受众/利益相关者的影响力

观察到的行为 →影响+- 团队
→影响+- 组织
→影响+- 个人
→ 对行为的建议

"塞缪尔，我很欣赏你对这个行业和这家公司的了解。这对团队是有影响的，因为我们可以接触到你，而你可以帮忙找到我们面临的一些问题的解决方法。我们需要帮助时，你也知道该向谁求助。我希望你能继续这样做。"

JR往下说之前，向旁边瞥了一眼。

"对公司来说，你的业务经验非常丰富，这是非常宝贵的。就我个人而言，你对业务的熟悉程度让我很满意，希望你能协助我。再重复一次，我希望你能继续协助我，而且是出于自愿的，而不是应我的要求。就团队而言，我不觉得你是其中的一员，你并不真心支持我们。我希望你能够更多地融入团队。公司似乎没有统一的对外形象，而作为同事，我不确定你是如何在别人面前代表我们的。"

JR停顿了一下，等塞缪尔回应。

4.要有政治意识

要培养你的系统思维,理解你所处的"系统"。组织是一个内部系统,具有所有相互关联和相互依存的部分:流程、人、程序等。你对系统、公司文化、规则、潜台词和动态了解越多,你的影响力就越大。

开启你的雷达。你需要知道谁与谁彼此认识,谁与谁有联系。谁在与你合作?谁在和你竞争?这在同事中尤为重要,因为协作和良性竞争是持续创新和增长的必要条件。

杰拉德·费里斯及其同事进行了一项研究,并据此编制了"政治技能清单"[16],该清单对政治技能的4个不同维度进行了分析:社交敏锐度、人际影响力、人际交往能力和十足的诚意。进一步研究表明,在这4个领域的出色表现对工作绩效、影响力、领导力和职业发展产生了积极影响。

对下面模型中的隐喻性"政治动物"分别进行思考,你是哪种动物?你应该成为睿智的猫头鹰,并且非常清楚狡猾的狐狸在哪里。

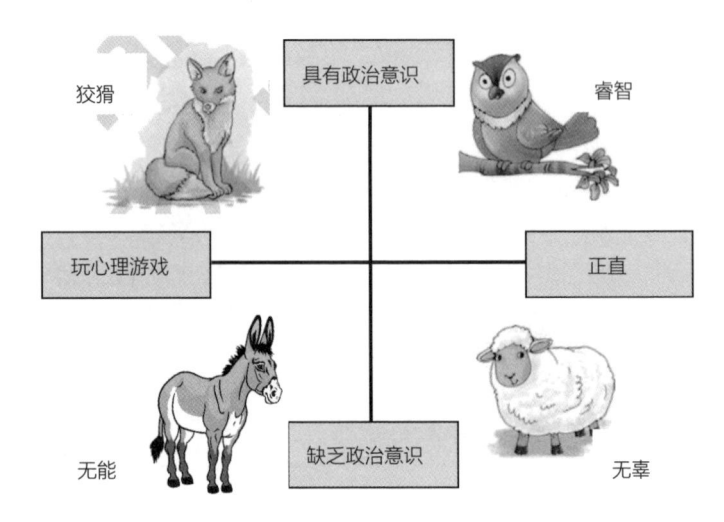

睿智的行为结合了政治意识与正直，我们推荐下面6个凭借政治意识获得成功的习惯。

习惯1	力争双赢
习惯2	做敏锐的观察者，不带评判地观察，以理解为目标
习惯3	注意你的影响力，控制冲动，仔细考虑你的言语和行为
习惯4	做到真实可信
习惯5	把注意力放在正确的地方，考虑自己的影响力圈子
习惯6	建立联系与合作

5.寻求与同事一起学习的机会

你和同事各自了解一些事情。当你们把这些知识和经验放在一起时，它们会成倍地增加。通过慷慨地分享你的知识来实现这一目标。

- ◆ 充分利用同事群体的多样性。
- ◆ 寻求帮助。
- ◆ 邀请大家参与讨论，友好地辩论与交流。
- ◆ 主动关心他人，征求他们的意见和创意点子。
- ◆ 假设对方是善意的。其他人在分享或犹豫要不要分享时（他们可能只是不习惯）是出于好意的。

这样，你就向另一个人敞开了心扉。你寻找的是积极因素、各种可能性以及与正在做的事情之间可能存在的联系。例如，如果你遇到一个竞争意识很强的人，不要直接进入竞争模式，而要看到他行为背后的意图是好的。与其拒绝合作，不如提出问题来推动讨论。

职场差异可能是件好事，甚至是件非常好的事，不要害怕，但是要应对和解决。管理同事冲突是每个人的责任，经历过冲突并解决冲突的同事及团队会一起成长。所以不要害怕冲突，欢迎冲突隐含着的创新力量，谨慎而恭敬地利用冲突。

影响之声

影响力是我们在他人身上创造的感觉和反应。

以下是一些与本节相关的例子：行为如何影响大家的感受，从而影响他们在工作中的反应。这就是影响力的声音和感觉。这些清楚地表明，我们所做的事一定有后果，无论好坏。我们由此深刻地认识到，自己有能力影响每时每刻的结果。影响力是一项重大的责任，领导者角色所带来的广泛影响又将影响力再次放大。

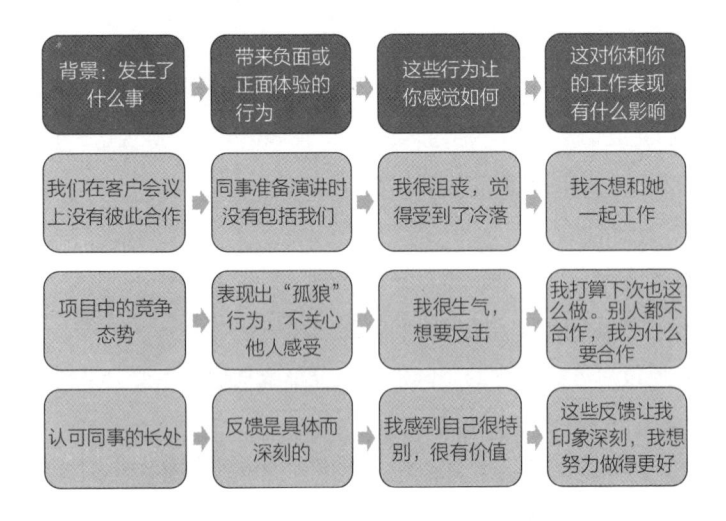

背景：发生了什么事	带来负面或正面体验的行为	这些行为让你感觉如何	这对你和你的工作表现有什么影响
我们在客户会议上没有彼此合作	同事准备演讲时没有包括我们	我很沮丧，觉得受到了冷落	我不想和她一起工作
项目中的竞争态势	表现出"孤狼"行为，不关心他人感受	我很生气，想要反击	我打算下次也这么做。别人都不合作，我为什么要合作
认可同事的长处	反馈是具体而深刻的	我感到自己很特别，很有价值	这些反馈让我印象深刻，我想努力做得更好

更多解决方案：你的想法、感受和行为所扮演的角色

当你想要控制对同事的影响时，你首先需要影响你自己。

我们的想法会影响我们的感受，而我们的感受又会影响我们的思考

你可以主动替换掉那些对积极影响起反作用的想法和感受。

据估计[17]，一个人每天会产生多达7万个想法。

这其中很多想法反映的是塑造一个人思维方式和观点的习惯，因此也会塑造他对周围世界的影响。影响力从内心开始。

下面是一些负面想法的例子，包括负面想法对情绪的影响以及如何将它们转变为建设性想法，使影响力行为更加有效。

消极的想法	消极的感觉	无效的行为	建设性的想法	建设性的感觉	有效的行为
这是他的错	气愤	指责别人	我相信他已经尽力了	同理心	寻找解决方案
她又没告诉我她在做什么！	愤怒	实施报复，不告诉她我在做什么	她一定忘了告诉我（假设对方是善意的）	善解人意的	跟她解释为什么把我包括在内对我们俩都有帮助
我不能和他们分享（知识/经验），那会给了他们一个先机！	恐惧，嫉妒	隐藏有价值的知识和经验	如果我分享这些知识和经验，我们俩都将从中受益	充满希望的	慷慨地分享

总　结

成功的组织越来越需要共享领导。不同的人应该在不同的时点成为领导者，带领同事取得成功，不同的人也最适合在不同的时点发挥领导作用。那些强大而有影响力的同事团体深知这一点。领导角色因任务的不同而不同,以充分利用共享领导的优势。

为了增加你对同事的影响力,寻找共同的目标和共同的特质,你们都想达成什么目标?讨论这个问题,并就共同完成这个目标达成共识。尽可能将你的目标与同事的目标联系起来。如果你和同事之间本来就有竞争性行为,那么拥有相互关联的目标将使这些竞争性行为无法继续下去。如果每个同事团体成员的表现不仅取决于他/她个人的表现,还取决于整个团队的表现,那么协作行为就会自然地产生。

对文化的影响

同事团体会对组织文化产生影响。一个强大而团结的同事团队将影响团队、部门甚至整个组织的文化,你甚至可以和同事一起定义和谈论你们想要创建的文化类型。建设性地合作会加深对文化的积极影响。无论你是否意识到,你都在创造一种文化,所以最好是有意识地去创造它。

自我评估

在完成本节中的解决方案后,请再次回答这些问题,以查看你取得的进展。

你如何评价自己在这些领域对同事的影响力?

	1 非常糟糕	2 糟糕	3 一般	4 不错	5 非常不错
把同事视为客户					
给予同事应有的赞许					
给他人做导师,自己也从中学习					
给同事提供反馈意见					
有政治意识					
寻求与同事一起学习的机会					

成功的衡量标准不是你赚了多少钱,而是你影响了多少人的生活。

——匿名

第6节

对董事会的影响力

领导力事实

你知道吗?

42%的领导者表示,他们所在组织的领导层整体素质较高。

资料来源:**全球领导力预测**[18]

自我评估

在阅读本节之前,快速完成以下自我评估。

你如何评价自己在这些领域中影响董事会的能力?

	1 非常糟糕	2 糟糕	3 一般	4 不错	5 非常不错
展示信心					
启发和建立联系					
沟通与指导					
与愿景和战略建立联系					
表示尊重					

探索利益相关者团体：了解你对董事会的影响

董事会是一个定期开会审查公司业绩和战略进展的小组。董事会在战略层面上领导你的组织，并监督组织内的领导者对组织的运营负责。

董事会通常由独立董事（非执行董事）、股东和运营董事组成。非执行董事通常是经验丰富的领导者，他们在另一家机构担任或曾经担任过管理者。"董事会专家"即拥有许多非执行董事角色的职业，正逐渐成为许多高级领导者的职业方向。

董事会需要能够将自己与公司的日常事务分开，以鸟瞰的视角看待业务。根据业务的不同需求，董事会有不同的构成和规模。无论董事会是什么样的，你都必须有能力在特定时刻影响董事会。你需要时刻为这样的机会（无论是否频繁）做好准备。

有高管经验并能够担任执行董事或非执行董事的人，一般可能也有高管风度。这种风度有时也被称为"庄重"。高管风度是行为、技能和风格的结合，有时可以被描述为指挥一个房间的能力（甚至有时无须说或做任何事情），让每个人都知道你是负责人。在本节中，我们会探讨高管风度以及它对所有领导者的重要性。

为什么董事会如此重要？

董事会成员在级别上通常高于公司领导，所以，当你与董事会打交道时，需要向上管理。不过，董事会与我们在第4节讨论过的高级领导之间存在区别。董事会成员从战略角度指导工作，通常不参与组织的日常运营。

当你提议改变公司的业务重点和运营方式时，你需要董事会首肯。无论你担任什么领导角色，都更接近企业的日常运营。你需要能够以有凝聚力和说服力的方式呈现和传达这些变化。你需要与董事会沟通，让他们听到并看到新的创意甚至是颠覆性创意的潜力。你需要展示你的建议的潜在战略影响。

让董事会听取你的意见

我们曾与一位想做出重大战略变革的首席执行官共事，她一直努力让董事会听到自己的声音。她明白必须做好充分的准备，把自己从细节中解放出来，更多地关注战略方向大局，以及她的提议可能会如何颠覆现有的战略方向。在这种情况下，她在寻找一种颠覆，而她需要做的准备工作非常广泛，包括情景规划和市场研究。尽管如此，她的努力还是得到了回报——董事会确信新战略值得推行。

董事会需要什么？

董事会需要确认公司在以高效且商业上可行的方式运营。董事会成员需要能够信任公司的领导者，并且相信他们在执行符合公司愿景和价值观的战略方向。

董事会需要从公司的前线获得最新信息，保持消息灵通，并做出战略考虑和决策。董事会成员，尤其是董事会主席，还需要管理他们与利益相关者和媒体的关系，因此需要透彻地了解企业的日常业务表现。数字化转型和人工智能日益推动着世界向更加数字化和自动化的方向发展，在这样的背景下，董事会尤其需要在公司内部专家的帮助下，对以上领域进行自我教育。

一家公司要表现出色，必须确保董事会和领导层之间的关系是互补的，而不是对立的。这是公司内部最重要的关系之一，需要获得良好的管理。在你与董事会打交道并影响董事会时，请考虑你在其中扮演的角色。

治理和领导之间的差异很容易混淆。董事会负责公司的治理，通过问责制和监督来确保公司的平稳运行。治理也意味着制订企业面向未来的战略计划。因此，当你影响董事会时，需要保持面向未来的战略思维。

接下来是领导力的用武之地。领导层和运营负责人接受战略计划，并落实到公司的日常运营中。治理角色和领导角色，两者至关重要且相辅相成。

影响力故事：谈判桌席位

当我们与一位在董事会会议室中苦苦挣扎的执行董事共事时，我们与她讨论了她参会时的想法。首先，她并不觉得自己在谈判桌上占据一席之地。因为没有足够的座位，所以她最终坐在桌子旁侧后排的座位上，远离了主会议桌。

她必须对自己在这一重要会议上的定位承担更多的责任。我们与她一起讨论，确定了她在房间里的位置——坐在谁的旁边，坐在谁的对面，需要与谁进行眼神接触以发挥更多影响力。所有这些意味着她需要对自己在董事会的角色更加用心。她很早就到了，坐在桌边合适的位置上，仔细思考着她旁边的人是谁以及她应该怎么做。她为"说什么"和"怎么说"做了很多准备。她感到"坐在桌前"更能有力地表达自己的想法和观点。这帮助她融入了董事会，有更多的意见可以表达，也因此获得了反馈，称她对董事会的影响比以前更大了。

作为影响力工具的高管风度

有效的高管风度在不同的领导者身上会有不同的表现。有些人无论处于什么职位，能流露出这样的气质。这是一种什么气质？你会怎么描述这种气质？如果你还不具备这种气质，如何获得并发展它呢？

> ### 流露出高管风度
>
> 最近，我们曾与50名领导人在一个会议室里，有一位我们没有见过的高级领导者要加入我们。她一走进房间，我们立即能从她大步走进来的样子判断出是她。她自信地环视着房间，微笑着向大家点头，表示她看到了他们，将会加入他们。
>
> 她轻松地挪到座位上，开始和同桌的人交谈，表现出了浓厚的兴趣。大家的反应向我们证实了她的身份。他们把注意力转向她，端正了自己的坐姿，清楚地表明他们知道她在那里。有些人甚至起身走向她，伸出手，想获得她的注意。其他人往后靠了靠，仍然注视着她。她是大家关注的焦点，无论她是否愿意。

即使没有高管风度，她也会因为自己的职位而引起他们的注意。由资历决定的职位次序一直存在，但高管风度远远超出了头衔和等级。

我们在这里谈论的是能够建立关系和取得长期成功所需的有效的高管风度。我们中的许多人可能经历过负面的高管风度，领导者利用他的权力地位来操控、灌输恐惧、施加影响。在上面的故事中，如果那位高级领导者冲进房间，拿着电话，仍然在讲话，表现得高高在上，只想和职位更高的人交谈，那么大家的反应可能会截然不同。大家会觉得自己不重要，没有被尊重和欣赏。在工作场合，这会导致你不想为那位领导者付出更多努力，工作效率也会因此受到消极影响。可以这么说，这种情况下也许存在某种形式的高管风度，但不是能够推动信任和可持续合作的那种。独裁领导一点也不讨人喜欢。

所以,当你处于能够影响董事会或高层领导团队的位置时,你必须改进自己的特质和行为。不仅要在需要做"什么"上花时间,也要在"怎么"做上花时间。

拥有高管风度成为有效发挥影响力的关键因素。以下是一些具有高管风度的特质和行为。回顾这些特质和行为,并反思你今天在多大程度上展示出了这些特质,以及你需要更有意识地关注哪些特质。要想从中得到最大收获,就要对自己诚实。没有人能完美地完成这些事情,每个人都有可以改进的地方。当你思考这些特质和行为时,把它们放到一个特定的、有规律的或特别重要的背景中,这样评估就会变得尽可能相关。

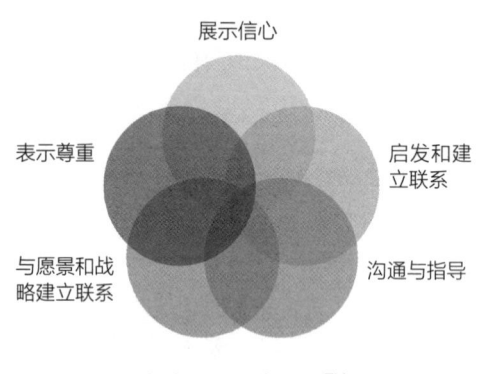

高管风度的有效点™

展现信心

特质/行为	在高管风度和影响力方面,你认为自己在多大程度上表现出这些特质/行为的一致性?		
	很少	有时	总是
充满自信			
真实,对自己感到自在			
未经允许,擅自承担职责			
相信自己的能力			
知道影响力是自己的遗产,今天所做的事会产生持久的影响			
展现自己的热情			
没有必要过度解释			
知道自己的个人品牌是什么,自己想以什么闻名			
不害怕为出色的成绩而自豪(为胜利绕场一周)			
雇用比自己更聪明、更渊博的人			

启发和建立联系

特质/行为	在高管风度和影响力方面,你认为自己在多大程度上表现出这些特质/行为的一致性?		
	很少	有时	总是
做一个现实的乐观主义者			
给予他人希望			
坚定而公正,富有同情心			
与利益相关者建立关系			
在工作中保留人情味,做真实的自己,关注人与人之间的互动			

沟通与指导

特质/行为	在高管风度和影响力方面,你认为自己在多大程度上表现出这些特质/行为的一致性?		
	很少	有时	总是
毫无偏见地倾听			
知道何时结束讨论,继续推进议程			

提出聪明的问题，不总给出答案			
不必知道所有的答案			
教别人"如何钓鱼"，不要告诉别人该怎么做，让他们找到自己的方式			
拥有和分享经验/智慧			
成为他人的良师益友，使双方都有收获			

与愿景和战略建立联系

特质/行为	在高管风度和影响力方面，你认为自己在多大程度上表现出这些特质/行为的一致性？		
	很少	有时	总是
目光远大，能看到更大的联系			
有远见并能够阐明它，让大家与之建立联系			
公开诚实，没有隐藏的动机			
对更大的目标抱有信念，对愿景充满热情			

特质/行为			
能够看到事物之间的联系,并为他人阐明这些联系			
做出明智周到的决定			
有意识和有策略地注意他人如何进行互动和沟通(不"我行我素")			

表示尊重

特质/行为	在高管风度和影响力方面,你认为自己在多大程度上表现出这些特质/行为的一致性?		
	很少	有时	总是
给予他人应得的赞扬			
注意重要的事情,比如把别人的名字说对			
了解政治局势,不玩政治游戏,但了解政治如何运作			
以尊重的方式驾驭政治局势			
承担责任,不责怪他人(培养不责备的文化)			
赢得同事的尊重			

你做得怎么样？

不管结果如何，这只是你的自我评估。这是个不错的开始，为了更全面地了解自己，你还需要跟别人求证一下。他们跟你一起工作时有什么感受？问问看他们有什么反馈意见，尤其当你不确定自己在有些方面是否表现出了这些特征或行为时。要充分理解这些影响力领域，这样你就可以充分地利用它们。

完成以上步骤后，找出你想在（5个领域中的）哪些领域提高高管风度，然后使用下面的相关工具。

解决方案和工具

以下是一些实用的解决方案和工具，可以用于提高你的高管风度，从而对董事会和其他人产生积极影响。

1.展现信心

自信来自内心。展示自信的前提是首先感受到自信。以下是建立自信的3个步骤。

◆ 每周或每个月留出时间回顾你取得的进步和成绩。你需要停下来盘点并巩固自己的感觉，在身体里巩固这种体验，不然很容易忘记。你取得了什么成果？建立了哪些关系？完成了哪些里程碑？会和谁一起庆祝？需要感谢谁？

◆ 注重你的外表：你的服装和个人仪表。想想你的听众是谁，穿着要符合当时的情境。所有这些加起来就是你的视觉形象。

◆ 选择你的力量姿势，以及在房间中坐或站的位置。通过有力地展现自己来占据你的一席之地。考虑一下你的姿势、面部表情和手势。你看着别人的眼睛还是看向别处？你挺胸抬头了吗？你的声音是否清晰有力？

2.启发和建立联系

> **专注于问题**
>
> 塞缪尔被要求参加月度高层领导会议，汇报数字化项目的最新情况以及IT部门的进展。塞缪尔一开始就告诉大家这个项目出了什么问题，为什么会出问题，是谁的错。
>
> 塞缪尔经常被要求代表他的部门参加这些会议，他只有在看到问题或遇到困难时才发言。JR厌倦了这一点，打算向塞缪尔的老板斯蒂芬提出这个问题。因为塞缪尔只在遇到问题时才发言，所以团队逐渐认为塞缪尔就是问题所在。他的名声因此受损，高层领导也不再征求他的意见。

你的职位越高，就越会倾向于找寻错误以解决重大问题。你通常是解决问题的人，这意味着你会看到问题所在，即某件事的关键缺陷。你还需要突出事情的积极方面，让大家关注创新和增长的机会。

你需要激励大家看到未来的可能性，并为此创造解决方案。

◆ 为了点燃希望，要找寻可以做对的事情（而不是可能出现的问题）。德博诺的"思考帽"[19]是一个很棒的工具。这是一个迫使大家从不同角度评估想法的过程，以便在做决定之前获得尽可能多的信息。尤其是黄帽子，它代表光明和乐观，当你"戴"上它时，只会想到某件事可能带来的所有美好以及可能创造的所有机会。

◆ 向大家展示你真实的一面。决定你今天想与别人分享关于自己的哪些信息，让别人和你联系起来。选择一些能够传达你个人特质的事情，例如爱好、家庭、住在哪里以及为什么住在那里等。

◆ 确定你需要问别人什么问题来更好地了解他们。选择一些你真正感兴趣的问题。比如：你为什么选择了这条职业道路呢？你最喜欢的工作内容是什么？你最大的兴趣或爱好是什么？

3.沟通与指导

我们每天都在做的一件事就是通过交流影响他人。传达信息并使对方准确地接收到信息的能力是可以不断实践和完善的，这也是指导的目的所在：鼓励大家对反馈意见和结果进行反思并获得成长。

◆ 提出好的问题。伟大的领导者会提出非常聪明的问题——他们并不总是给出答案。他们知道提问的艺术对于培养敬业的团队成员至关重要。想想看，当有人问你一个他们真正感兴趣的问题并乐于倾听时，那感觉有多棒！你感到自己很重要，很想参与其中，很想探索和思考可能的答案，从而有所收获。

◆ 领导者绝对不需要知道所有答案，她/他只需要提出非常聪明的问题。实际上，给出答案是相对容易的。更具挑战性的是提出聪明的问题，让对方思考答案，让领导者思考这个答案如何让员工换一种方式思考。以下是我们可以考虑的几个重要技巧。

◇ 提问的目的是什么？这很重要，这样你就可以针对这个目的提问了。

◇ 开放式问题还是封闭式问题？开放式问题可以收集更多的信息，但有时你需要的只是简短的"是"或"否"，这时，封闭式问题是最佳选择。

◇ 使用温和的措辞。提出太多问题有时听起来像审问，想一想，你怎样才能提出恰当的问题，让对方有兴趣回答。以下有一些温和的短语作为例子，你的问题可以这样开头：我很好奇……；我对你的想法很感兴趣……；告诉我更多关于……的信息，等等。提出问题（尽量使用温和的措辞）。以下是一些开放式问题的例子：

你觉得我们接下来应该做什么？你有什么建议？

如果你有能力做任何事，你会做什么？

你觉得我们从哪里可以找到这些信息？

◇ 最重要的是倾听。不要考虑你将如何回应别人所说的内容，只需要倾听即可。当我们完全倾听别人的时候会发生什么，看看会发生什么是一件很神奇的事。

◇ 感谢他们。无论你和谁交谈过，无论话题是什么，都要感谢他们。一定让他们知道你真的非常感激他们的意见。以真实的方式做到这一点。

◇ 思考如何充分利用你从交谈中获得的见解。考虑一下你一直以来私下持有的不同观点。不要忘记正式称赞那些提供了意见的人。

◇ 想想看，今天、明天或下周你会和谁见面？为了让会议变得有趣并为你们双方/所有人带来收获，你可以准备哪些问题？

- 当有人问你一个问题时,学着阻止自己直接给出答案。相反,考虑如何建立一个对话,让对方参与到寻找答案中来。
- 把客户介绍给董事会。为董事会成员讲述客户体验的故事,分享有代表性的示例和数据,尽可能描绘出一幅完整的图景。

> 我们的一位客户开始在每次董事会会议上讲一个客户故事。董事会非常喜欢这些故事,从中受益匪浅。所以我们的客户现在也开始讲述员工故事了。

- 在与董事会及其成员沟通时,思考如何取得突破并获得你需要的关注。

富有挑战性的演讲

在我们最近旁观的一次董事会会议上,一位高级领导被要求参会并向董事会汇报。汇报人走进了房间。首先,董事会延时了,让他在外面等了20分钟。他进来时分发了汇报文件。董事会成员立即扑向了那份文件。所有人都低着头,汇报人还没开始说话,董事会成员就已经读了好几页并开始提问了。董事会成员没有与汇报人对视,也没有为延迟行为表示道歉。他们一头扎进讨论,不断的打断和提问用尽了汇报人的时间。董事会主席说了一句简短的谢谢,并总结了下一步的工作。他们摆脱

> 了他，然后继续他们的议程。
>
> 我跟着汇报人走出了房间，我问了一个非常开放的问题："你感觉怎么样？""不太好。他们都没有等我讲完，感觉就像被一个'狼群'用问题围攻。我本来可以回答他们所有的问题，因为这本来就是汇报的一部分，但他们没有给我机会。他们开始互相争论，对我做的工作没有任何认可。为了这个汇报，我准备了6个月。我很沮丧，不会再急于回到这里。他们作为董事会为我增加了什么价值？没多少。"他耷拉着肩膀，匆匆地走下了走廊。

在这个例子中，董事会毫无疑问对汇报人产生了影响，他们需要意识到这种影响。汇报人也产生了一定影响，但他本来可以施加更多的控制和影响。这对所有人来说都是很好的教训。

◆ 自愿成为导师。报名工作中的指导计划，慷慨地分享你的知识、技能和经验。

4.与愿景和战略建立联系

开始在你想要达到的级别或想要影响的人所在的级别运作，表现得好像你已经在那个级别上了。更广泛地思考，放下操作层面和战术层面的思考，推动自己变得更有远见和战略眼光。

◆ 准备好你在会议中需要说的内容以及需要如何表现。你会产生什么影响？为了得到更好的结果，别人需要观察和体验到什么？

◆ 在重要会议（如董事会会议）之前排练。找一个你信任的同事，让他就你的影响力给予反馈。

◆ 养成提出战略问题的习惯。以下是一些例子，你可以酌情挑选和使用：

◇ 我们这样做的目的是什么？

◇ 长期的利益是什么？

◇ 组织会受到什么影响？

◇ 这会如何影响我们的文化？

◇ 我们是否足够关注客户？我们的客户想要什么？

◇ 竞争格局是什么样的？我们的竞争对手怎么说？

◇ 谁是最重要的利益相关者？随着时间的推移，他们需要什么？

5.表示尊重

当你尊重他人时，大家也会相应地表现出尊重与合作的意愿。尊重可以归纳为黄金法则："你希望别人如何对待你，你就如何对待别人。"也可以更进一步，像白金法则："按照别人想要的方式对待他们。"两者的不同之处在于，白金法则并不假设所有人都是一样的，而是恰恰相反，每个人都是独一无二的，应该尊重这些差异。

◆ 不要浪费别人的时间。做一个让别人觉得他们被赋予了更多时间的人。不要做偷时间的人。正确地关注重点及细节水平、保持对主题的关注并做好时间管理，让大家更容易完成工作。

偷时间的人

索菲亚目前在波士顿出差。当时是早上5点钟,她在等一个电话。欧洲的人力资源主管要打电话来询问索菲亚对一名团队成员的反馈。索菲亚当天只有30分钟的时间。电话在凌晨5点准时响起。索菲亚直接进入了关于这个人的对话。

"问题在于他是一个'偷时间的人'。"索菲亚说。

"这是什么意思呢?你能详细解释一下吗?"人力资源负责人急切地说。

索菲亚继续说:"比如说,如果我问他一个问题,他会花很长时间来回答,因为他会一遍又一遍地解释。他占用了我太多的时间,偷走了我的时间。而现在,我知道你会言简意赅,这意味着你会提前结束这个电话,为我省出10分钟的时间,这样你就不会占用我的时间了。"

在这个例子中,索菲亚作为一位忙碌的高级领导和董事会成员,需要大家简明扼要,因为她没有时间。当大家照做时,她就能够完成当天的目标。

◆ 了解董事会层面的政治环境——他们想从你这里得到什么?认清他们对卓越运营的标准是什么,并达到这一标准。通过满足他们的需求来建立他们对你的信任。

◆ 当事情没有按计划进行时，永远不要责怪他人。相反，你可以用好的问题或好的对话提示来寻找解决方案，比如：

◇ 未来我们能做些什么不同的事情？
◇ 我们可以从中学到什么？
◇ 如果我们可以……
◇ 下一步可能需要……
◇ 这给我们带来了什么新思路？

影响之声

影响力是我们在他人身上创造的感觉和反应。

以下是一些与本节相关的例子：行为如何影响大家的感受，从而影响他们在工作中的反应。这就是影响力的声音和感觉，它们清楚地表明，我们所做的事一定有后果，无论好坏。我们由此深刻地认识到，自己有能力影响每时每刻的结果。影响力是一项重大的责任，领导者角色所带来的广泛影响又将影响力再次放大。

背景：发生了什么事	带来负面或正面体验的行为	这些行为让你感觉如何	这对你和你的工作表现有什么影响
首席执行官花了很多时间准备一个新的战略构想	她的周密准备显示了她的战略能力和信念	我对拟议的计划充满信心	我愿意支持这个计划
一位领导者发表了冗长而复杂的讲话	他没有注意到我们的反应，让人非常失望	我感到失望和无聊	我不愿意再花时间听他讲话
董事会在我的汇报过程中跳跃性地提问	他们不是在听我汇报，而是在互相争论	我感到沮丧	下次我不会花很多时间准备汇报材料。如果他们认为自己可以做得更好，那他们来做吧

更多解决方案：你的想法、感受和行为所扮演的角色

当你想要控制对董事会成员的影响时，你首先需要影响你自己。

我们的想法会影响我们的感受，而我们的感受又会影响我们的思考

你可以主动替换掉那些对积极影响起反作用的想法和感受。

据估计[20]，一个人每天会产生多达7万个想法。

这其中很多想法反映的是塑造一个人思维方式和观点的习惯，因此也会塑造他对周围世界的影响。影响力从内心开始。

下面是一些负面想法的例子，包括负面想法对情绪的影响以及如何将它们转变为建设性想法，使影响力行为更加有效。

负面想法	负面感受	无效行为	建设性想法	建设性感受	有效行为
董事会成员了解的情况与现实相去甚远	怀疑	很少与董事会成员打交道	我该怎么做才能让董事会认清现实？他们需要我做什么？	授权，希望	积极参与，询问董事会成员他们需要什么
挑战现状是被禁止的	恐惧	想法无法表达出来	我怎么能以一种别人可以接受的方式挑战现状呢？	希望	以富有创意的方式挑战现状
我无法做自己，我需要融入进去	自我怀疑	退缩，不发表不同观点	我可以做出独特的贡献，我确信我的贡献会增加价值	积极性	欣赏差异，尝试新事物

调整自我形象

安娜再次参加了董事会月度会议。我为什么在这里？她心里想。我在这里做什么？我在这里时什么都没做，我增加了什么价值？

对安娜来说，这是一种常见的感受。我们与安娜合作，指导她如何在董事会会议上建立自信。

"那么，当你参加这些会议时，你在想什么？有什么感受呢？"我问。

安娜开始解释为什么她在董事会会议上有这种感觉。

"嗯，当我参加董事会会议时，我只是觉得自己是会议室里的行政助理。我一开始做行政助理，没错，我现在成为首席执行官了，而且还是董事会成员，但仍然觉得自己是当初那个行政助理。"

安娜在公司里一步步往上升，但看到的仍然是多年前的自己，而没有看到今天的自己。

"那么，你觉得房间里的其他人在看到你时怎么想？你觉得他们看到的是行政助理还是首席执行官？"我继续提问。

"我猜他们不认识那个行政助理，但我仍然认为自己是安娜，只是在做安娜该做的事。"她回答。

> "当你是行政助理时,首席执行官走进来时,你是怎么想的?你是怎么做的?"我接着说道。
>
> "我过去常常想,'那是首席执行官,所以他们甚至不需要讲话,只是在场就足够了。'所以,考虑到这一点,我想我的存在感比我想象的要多,同时也要承担相应的责任,这也适用于董事会,对吧?"她笑了,问出这个反问句时,她意识到了答案。

总　结

董事会及其成员是公司的战略顾问,你需要能够与他们进行有效的互动。你需要他们,他们也需要你。提醒你自己,他们需要你做什么——简洁、经过深思熟虑的业务信息——然后交付。你的专业汇报能帮助他们做出战略性的决策,并为公司的未来发展提供指导。

来自世界各地的研究表明,许多董事会都缺乏多样性(性别、种族、背景、年龄等),他们中的很多人被冠以"男性、陈腐、苍白"的标签(《星期日泰晤士报》,2017年)[21],或者"男性、陈旧和虚弱"(《金融时报》,2016年)[22],这意味着董事会可能有陷入"群体思维"的危险,即遵循相同的思维模式和推理模式。瞬息万变的世界需要不断挑战现状,甚至打破现状,以实现长期可持续的成功。

向赫尔穆特伸出援助之手

斯蒂芬陷入了进退两难的境地。他的老板赫尔穆特最近接受了另一家公司董事会的任命,这带来了一个愈发普遍的问题:为什么董事会里有这么多上了年纪的人?斯蒂芬同意这种看法,而且承认赫尔穆特加入的董事会并不是特别多元化。成员们都有相似的背景。斯蒂芬意识到他们可能有陷入"集体思维"的风险,因为相似的背景和年龄常常意味着相似的价值观和思维过程。

该公司正准备进行重大数字化升级,为了实现这一转变,董事会需要采取行动,成为转型所需的学习型文化的榜样。斯蒂芬意识到他可以帮助赫尔穆特看到这个困境,并从他入职董事会起就挑战创造性对话和新思维。由于斯蒂芬越来越擅长说"赫尔穆特的管理语言",他决定与赫尔穆特谈一谈,鼓励他为即将加入的董事会带来真正的价值。

对文化的影响

归根结底，董事会协助创建了企业文化，因此需要对企业文化负责，他们必须是文化的守护者。由于董事会上可能有权衡当前业务与未来业务的紧张气氛，为了影响董事会，你需要帮助董事会看到他们通过每一次决策所创造的文化。你可以帮助他们了解文化的现状，以及未来的重大变化将如何影响文化。你可以帮助董事会检查现实。这样做增加了很多价值。所以，思考一下你能如何影响董事会对文化的看法。反过来，你又能促使他们发挥什么影响呢？

自我评估

在完成本节中的解决方案后，请再次回答这些问题，以查看你取得的进展。

你如何评价自己在这些领域影响董事会的能力？

	1 非常糟糕	2 糟糕	3 一般	4 不错	5 非常不错
展示信心					
启发和建立联系					
沟通与指导					
与愿景和战略建立联系					
表示尊重					

沟通的艺术在于使用有领导力的语言。

——詹姆斯·休姆斯

第7节

对外部利益相关者、媒体/纸媒、社交媒体的影响力

领导力事实

你知道吗？
81%的全球高管表示，首席执行官的对外参与是建立公司声誉的必要条件。[23]

自我评估

在阅读本节之前，快速完成以下自我评估。

你如何评价自己在这些领域中影响外部利益相关者和周围世界的能力？

	1 非常糟糕	2 糟糕	3 一般	4 不错	5 非常不错
选择有影响力的行为					
考虑你对客户的影响和他们的体验					
与你的合作伙伴、供应商和分包商等有效地合作					
管理媒体/纸媒					
社交媒体和品牌管理					

探索利益相关者团体：了解你对外部利益相关者和周围世界的影响

他们为什么如此重要？

透明度和对透明度的期望越来越高，每个人都期待看到组织和整个社会中正在发生的"一切"。

信息的数字化和民主化加速了这一趋势，从个人和专业角度来看都是如此。大多数人或多或少地在舞台上或网上不断展示自己。个人行为和职业行为是可见的，并可能产生后果。私人生活和工作之间的界线已经变得模糊。对透明度有期望意味着大家希望了解更多的真相，于是透明度还包括管理真相和提供真相。

他们需要什么？

归根结底，他们需要的是信任。外部利益相关者需要相信一个组织能够遵守道德规范、信守承诺并达到期望。这种信任是通过将组织与外界联系起来的经历触点来建立的。员工是主要的触点，他们的所作所为成为期望是否得到满足的重要现实检查。员工是最终的"品牌大使"，他们与实际的产品或服务一起决定了品牌承诺能否兑现。

沮丧的独白

塞缪尔在下班回家的路上。办公室政治令人沮丧，他感到又累又烦，好像一整天没有取得任何成果。

他在办公室外面叫了辆出租车，告诉司机要去哪里，然后给妻子打了个电话。

"嗨，你能说话吗？太好了。真是糟糕透顶，我只是想发泄一下。你知道我是怎么准备给首席信息官汇报材料的吧？嗯，不出我的意料，他根本就没有认真听我说话。这对这家公司来说很正常，大家说他们想要这个或那个，但得到之后又不珍惜，只是嘴上说说而已，没有人真的说到做到。"他停顿了一下。

> "这么说的人不只我一个，我们都认为领导层并没有真正告诉我们正在发生什么。这样我很难做我的工作。真是让人沮丧啊。"
>
> 出租车司机听到了独白，对自己做了个鬼脸。这已经不是他第一次听到这家公司的员工说这样的话了，他觉得他和镇上的其他出租车司机对这家公司的缺陷了如指掌。大家好像忘了司机在那儿，好像他们以为司机聋了，或者至少没有足够重视在司机面前说的话。
>
> 好吧，我承认我不会购买这家公司的产品和服务，我不信任他们，如果员工对自家公司的评价如此糟糕，谁又会信任这家公司呢？
>
> 这家公司是镇上的一个大雇主，所以很多出租车司机都听过类似的话，他们开始相互交谈。他们在出租车上听到各种谈话和故事。对公司的恶语中伤不仅影响了当地社区，也影响了公司本身（一家知名的跨国公司），后者依赖良好的信誉，尤其是在吸引人才方面。

这个简短的故事突出了每个人是如何代表公司品牌的。同时，每个人也是公司声誉的载体，可以对外部利益相关者和舆论制造者产生影响。

当我们不辜负客户和其他利益相关者的期望时，就会强化品牌，产生正面影响。当我们辜负期望时，就会削弱品牌，产生负面影响，这既会影响利益相关者，也会影响品牌。当然，这也会影响个人品牌，因为你如何代表公司也反映了你自己的品牌。

在第3节中，我们讨论了管理自己的品牌和声誉的重要性。在本节中，我们将进一步探讨你如何与外部利益相关者和公共空间打交道，从而对组织的品牌和声誉产生影响。

品牌和声誉息息相关，但不是一回事。品牌是关于差异化的，是设计、产品、服务和沟通的结合，为客户塑造品牌承诺和体验——它以客户为中心。声誉是周围世界对一个组织及其可信度的看法。员工的行为既会影响组织的声誉，也会影响品牌承诺的兑现程度。

你的影响力就是你的遗产

与个人、团队甚至国家一样，一个组织也享有声誉。随着时间的推移，声誉通过语言、行动和行为建立起来，但声誉并不是一成不变的，可能很快就会被玷污甚至毁掉。声誉绝对不应该被视为理所当然的，相反，我们应该非常认真地对待声誉。建立起强大、持续、强有力的声誉需要很长时间：数年，数月，甚至数十年。

我们可能拥有良好而强大的声誉，但只要几个负面行为让别人感到不舒服、失望甚至被背叛，就会迅速损害声誉和信任。而且，一旦信任受到损害，恢复信任可能需要很长时间。我们每个人都拥有自己的声誉：个人的、在团队中的、在组织中的，无论我们是否关注它。因此，以下问题与我们息息相关：我们的声誉如何？我们期待声誉是什么样的？声誉应该是什么样的？这可以成为，也应该成为战略领导层对话和考量的一部分。

好的声誉有时会走在我们前面，打开很多扇门，就像坏的名声会关闭很多扇门一样。

如果我们让你现在想一家你熟悉的公司，你对他们会有一个现成的看法，对吗？你会对他们的品牌、工作方式，甚至是文化有一个看法，以及在那里工作或者与他们一起工作是什么感觉。这一切都归结为行为举止的一致性，成功兑现的承诺以及建立起品牌和声誉之间的关系。例如，当你想到汽车的安全性时，可能会想到沃尔沃。当你想到创新设计时，可能会想到苹果公司。当你想到有趣且富有创意的工作场所时，可能会想到维珍。以上仅举几个著名的例子。

社交媒体是与客户、业务合作伙伴和其他利益相关者保持联系的好方法，也是建立兴趣和观点的有效方式，但需要谨慎操作。一个评论、一个印记，可以永远存在。社交媒体非常诚实，我们无法抹去自己的痕迹。即使一个帖子或评论被删除了，也可能已经被别人复制和分享了。另一方面，如果我们经过深思熟虑后礼貌地发言，就不会有删除记录的必要。著名的公众人物发推文就是一个例子。情绪激动时说的话会引起连锁反应，随着时间的推移，全部影响将难以评估。我们的言行创造和影响了（好的或坏的）声誉。在使用社交媒体时，花点时间反思和控制冲动是关键。

所以，是的，声誉很重要，应该认真对待

你现在正在创建怎样的组织声誉？掌控它。想一想，作为组织代表，当你与周围的世界打交道时，你不仅代表了自己，还代表了你所在的公司。

影响力故事：社交媒体

2018年，优步首席执行官发了一条讽刺性的推文[24]，称麻省理工为"数学上不称职的理论"，以回应麻省理工有关拼车行业的一项研究。他认为该报告存在明显缺陷，或者至少没有对数据进行正确解读，因此对优步不利。麻省理工后来也承认，可能误解了优步首席经济学家对该研究的基于事实的慎重回应，但优步首席执行官的那条推文完全没有必要，这对优步的形象造成了负面影响。这个例子也说明了努力工作可以多么迅速地被抹杀，因为在这条不合时宜的推文发布之前的几个月里，首席执行官一直在努力打造优步的正面形象。

最后，推文也许不会产生灾难性的影响，但至少是没有必要的。这也提醒了我们，我们可以在网上表达任何我们喜欢的东西，但问题是：我们真的需要这么做吗？

解决方案和工具

以下是一些实用的解决方案和工具，可以对包含客户、合作伙伴、新闻媒体和社交媒体的外部世界产生积极影响。外部世界是由你的外部利益相关者组成的，需要缜密地应对。制订一个利益相关者计划来规划你该怎样与他们打交道（有关利益相关者计划，请参阅第4节）。

更极端的自己

在一个著名的滑雪胜地度假时,我走到阳台上乘凉,欣赏着壮丽的雪山。在隔壁房间的阳台上,一位著名的电视节目主持人正对着摄影机准备录制节目。他深吸了一口气,挺直腰板,充满活力。摄影机开始转动。他面带微笑,热情洋溢地谈论着这个著名的度假胜地,讲述着山坡、滑雪场、风景和近距离滑雪的故事。主持人将自己置于媒体角色中。他的声音变了,变得更低沉、更富张力,音调也变了,故意强调某些词以达到效果。他还提高了能量水平,使自己更有活力和动感。他很积极,微笑着,吸引你期待听到更多。

这个电视节目主持人让自己进入了积极而充满活力的状态。

当天早些时候我遇到这位主持人时,他更安静,也更矜持。他在拍摄时改变了自己的性格,在镜头前产生了影响力。他需要在那时成为自己的一个极端版本,才能在当时产生影响。他原本已经充满了活力和热情,只需要增加强度,就像在自己身上"调高音量",利用自己的自然力量来发挥更大的效果。

你也可以选择产生影响。你现在产生了哪些影响?你有什么可以"调高"?

1.选择有影响力的行为

当你通过新闻媒体和社交媒体与外部利益相关者打交道时,你表现出的什么行为会削弱或加强品牌,从而产生负面或正面的影响?这里有几个例子。在空白框中填写每个类别对你重要的其他相关行为。

产生积极影响的行为		产生消极影响的行为	
专注地倾听	解决问题	脏话	不感兴趣
表示尊重	分享和运用专长	处理批评的方式	缺乏足够的知识
花费时间	快速处理询问/请求/投诉	不遵守诺言	懒散
遵守诺言	表现出兴趣	对公司、公司的外部消息、承诺等缺乏足够的了解	不礼貌
表现出同情心	良好的举止	说谎	傲慢
了解客户的状况	处理批评的方式	打断别人	攻击性

当你在外部世界工作时,你不仅代表自己,还代表你的组织,你会停止哪些消极行为,又会采取哪些积极行为?对你的组织的现状而言,哪些行为是特别重要的?请在下表中列出。

我会停止的行为	我会采取的行为	我会继续保持的行为

2.考虑你对客户及其体验的影响

如果没有客户，我们将一事无成。我们需要不断提供让客户回头的体验。有些公司在收集客户反馈时只问他们一件事：你会把我们推荐给其他人吗？这个问题的答案很直接，也很相关。

这就是为什么关注对客户的影响是如此有趣。你很容易忽视或低估自己在客户体验中所扮演的角色。在这个领域，每个人都比自己想象得更重要。考虑客户的需求和期望以及你在该体验中扮演的角色。对这些问题进行反思，开始有意识地影响客户。

◆ 你向客户承诺了什么，他们因此会期望什么？

◆ 他们的体验如何？期望与现实之间存在差距吗？

◆ 如果你不知道以上问题的答案，你怎么能了解客户的感受呢？你能收听客户来电吗？阅读与客户之间的聊天记录？你还能做什么？

◆ 你如何（何时/何地）影响客户体验（甚至通过他人）？

◆ 你如何实现品牌承诺？

◆ 你如何创造卓越的客户影响和体验？具体来说，你能做什么？

令人惊喜的服务

JR在前往机场的路上,他即将飞往新加坡。到达机场时,他才意识到自己把笔记本电脑落下了。他竭力保持冷静,打电话给一个有他房子钥匙的朋友,问是否可以帮他取电脑包然后赶来机场。幸运的是,他的朋友接了电话,而且就在附近,所以能够帮忙。但时间紧迫,JR希望交通不会成为问题。他看了看安全区域,看到长长的队伍时,心沉了下去——他不可能等朋友到了再去排队。他环顾四周,发现了航空服务台,然后朝那里走去。一位面带微笑的女士接待了他,问他需要什么帮助。他说明了情况,她看得出他在努力掩饰自己的压力。

"我能帮忙,"她说,"你认为你的朋友什么时候会到?他叫什么名字?"

"他叫皮特,应该在15分钟内到这里。"

"好。我们这么办,我在门口等他,你去排队。然后我到排队处或登机口找你。一切都会好起来的。"

JR简直不敢相信,竟然有这样的服务!他不停地向她道谢,然后离开了。半小时后,他刚刚过安检,她就赶上了他,微笑着把笔记本电脑递给了他。

JR松了一口气,几乎要给她一个拥抱。"谢谢你!"他喊道。

> "感激不尽!"
>
> "这是我的荣幸,先生。这是我的工作,很高兴能帮上忙。"他看得出她是认真的。
>
> 我一定会再次乘坐这家航空公司的,JR一边想着,一边匆匆走向登机口。

3.与你的合作伙伴、供应商、分包商等有效合作

良好的协作可以让你(和你的组织)成为别人想要合作的对象。你怎样才能最有效地与供应商、分包商和其他外部合作伙伴建立互相尊重、互相信任的关系呢?

从消极方面来说:如果你的支付能力差怎么办?如果你经常因为现金流不足而延迟给供应商付款怎么办?这会对你的供应商产生什么影响?他们会怎么看待你和你的组织?

从积极方面来说:如果你与分包商创造性地合作,为创新交流和学习机会建立平台,讨论最新趋势,为未来做好准备,这会对你的供应商产生什么影响?他们会怎么看待你和你的组织?

显而易见,随着时间的推移,每个人都需要外部关系和伙伴关系的支持才能取得成功。回答以下问题,从长远的角度看待你的外部利益相关者。

◆ 你认为未来5年到10年的行业发展趋势是什么？你的组织需要关注什么？

◆ 这些趋势需要哪些新知识、新技能和新经验？

◆ 你因此需要与谁合作？

◆ 你怎样确定那些特定的合作伙伴可能是谁？

◆ 你将如何开始建立那些需要的关系？

◆ 与我有关系的人在下一个职位或未来最终会走向何方？我的老板、我的客户等又会怎样？

4.管理媒体/新闻媒体

如果管理媒体是你的工作，那么你应该已经对此非常熟悉和适应了。如果不是这样，花点时间考虑一下，如果让你管理媒体，你将如何代表你的组织。

在与媒体交谈时，你必须记住，你代表的是你的公司，所以无论你说什么都会成为你公司所说的。无论你是否愿意，你都会成为"官方"发言人。

以下是一些使用准则：

◆ 有意为之——你想说什么？你的消息可能会出现在广告牌上或成为头条新闻，所以请仔细考虑你想要表达的信息。还要考虑你说的话留给他人的印象：声音和生理管理很重要。想想你最喜欢的电视记者，他们的姿势、面部表情、声音和能量对他们的影响力有很大贡献。他/她可以根据故事和实际情况调整这些影响因素。

◆ 你希望在对话/采访中传达的3条关键信息是什么？坚守这3条信息，无论你被问到什么问题，都要确保你可以将答案与其中1条信息联系起来。

◆ 让你的信息与愿景和价值观保持一致。确保你把每件事都与更大的目标联系起来,给它们提供一个宏大的理由:为什么按照目标,我们需要这样做?

◆ 想想"红线"("红线"是指把所有因素联系起来的主旨/主题),这意味着把你所讨论的话题与愿景和更大的目标联系起来。把讨论中的"红线"和更大的愿景联系起来,使联系清晰可见。

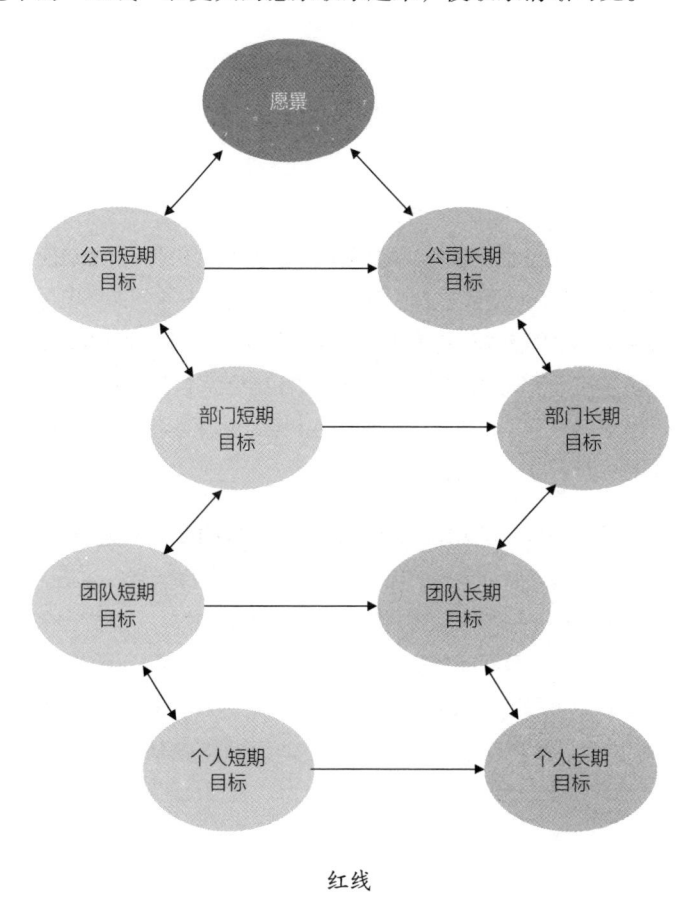

红线

◆ 确保你"标记"了你说的话,将其连接到业务并向他们展示线索和连接。

进行这个练习，记下你需要交流的信息。你想传达的3条关键信息是什么？练习问自己或请同事帮忙，先问问题，然后用3条关键信息中的1条作答。无论问题是什么，都要练习连接，把对话引回你的观点。

城里来了马戏团

一家大型跨国组织的高级领导正在接受当地电台的采访。这个组织在当地很有名，从社区雇了很多人。该组织已经决定赞助一个州马戏团，这个马戏团会在镇上驻演几个星期。电台主持人问了很多关于这家大公司为什么赞助马戏团的问题。领导者准备好了3条关键信息，不断地说这个组织很荣幸能成为当地社区的一分子，并支持这项活动，因为这项活动可以把大家聚在一起观看一种奇妙的技艺。

这位领导一再重申，该组织作为该地区的重要雇主，在当地社区非常活跃。电台节目主持人随后开始刺探信息，甚至说马戏团是一个残忍的地方，圈养动物是有争议的。（这是一个没有动物的州马戏团，所以主持人的提问毫无意义，他们只是试图刺激领导者，想使故事更加耸人听闻。）领导者不断回到3条关键信息上，没有受主持人改变提问策略的影响。

5.社交媒体和品牌管理

把自己想象成一个网络公民,在个人生活还是职业生活中都可以,当你在网上活动的,能看到你的人可能会超出你的预期。你始终可以对自己的社交媒体活动和消息负责,并为你周围的人树立榜样,尽管你可能无法要求他人做到这一点(除非你的组织有特定的社交媒体行为准则)。

除非你在政界工作,否则在评论政治问题时一定要小心,因为这可能很快会变成挑刺,从而适得其反。

把你自己视为你的、团队的和组织的品牌大使。没有良好的声誉,别人很难信任你,并与你合作,反过来,你就难以取得出色的成绩。

以下是5个快速的反思练习,用于回顾和管理强大、积极、一致的网络品牌和声誉:

◆ 你的组织希望以什么闻名,你希望其他人对你有什么样的看法?你是否善于合作、是否负责任、是否知识渊博?或者是其他风格?不管风格是什么,让你的团队就如何实现这一目标进行讨论并达成共识。记住,声誉在很大程度上受你的工作方式(而不仅仅是工作内容)的影响。声誉必须是真实的。

◆ 你想在网上发布什么信息?有什么关键词是应该使用的吗?你是否应该与他人共享研究、行业数据、新产品和服务?你是否应该与客户、潜在客户和其他利益相关者打交道?

◆ 当你在网上与他人互动时,不仅要对自己的行为负责,更重要的是还要对自己的回应负责。不要让回应变成自动的,利用触发和回应之间的时间间隔,谨慎决定你要如何回应他人的言行。每一刻都很重要。考虑一下你的回应会如何影响对方,如何影响他们对你和公司的看法。

◆ 你在使用哪些专业社交媒体应用?你的领英(LinkedIn)个人资料是什么样的?你有代表性的照片吗?你是否提供了足够的信息来

说明你的工作以及你如何代表你的组织？通过寻求推荐和认可，为你的个人资料添加深度和个性。

◆ 你在使用哪些个人社交媒体应用？你在那里分享了什么？你愿意让别人看到这些内容吗？你用推特（Twitter）吗？如果用，即使你标明"纯属个人观点"，可能也不足以完全控制你产生的影响，以及对你所在组织产生的影响。你是领导者时尤其如此，你始终代表公司，你的行为不仅仅会被外部的受众看到，也会被内部的受众注意到。

影响之声

影响力是我们在他人身上创造的感觉和反应。

以下是一些与本节相关的例子：行为如何影响大家的感受，从而影响他们在工作中的反应。这就是影响力的声音和感觉，它们清楚地表明，我们所做的事一定有后果，无论好坏。我们由此深刻地认识到，自己有能力影响每时每刻的结果。影响力是一项重大的责任，领导者角色所带来的广泛影响又将影响力再次放大。

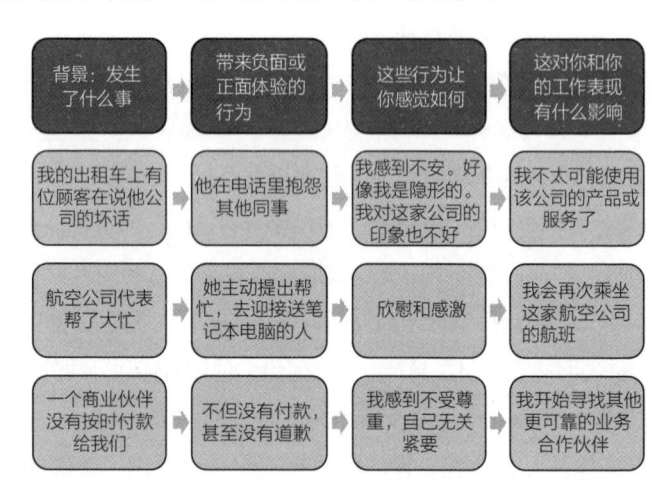

背景：发生了什么事	带来负面或正面体验的行为	这些行为让你感觉如何	这对你和你的工作表现有什么影响
我的出租车上有位顾客在说他公司的坏话	他在电话里抱怨其他同事	我感到不安。好像我是隐形的。我对这家公司的印象也不好	我不太可能使用该公司的产品或服务了
航空公司代表帮了大忙	她主动提出帮忙，去迎接送笔记本电脑的人	欣慰和感激	我会再次乘坐这家航空公司的航班
一个商业伙伴没有按时付款给我们	不但没有付款，甚至没有道歉	我感到不受尊重，自己无关紧要	我开始寻找其他更可靠的业务合作伙伴

更多解决方案：你的想法、感受和行为所扮演的角色

当你想要控制对外界的影响时，你首先需要影响你自己。

我们的想法会影响我们的感受，而我们的感受又会影响我们的思考

你可以主动替换掉那些对积极影响起反作用的想法和感受。

据估计[25]，一个人每天会产生多达7万个想法。

这其中很多想法反映的是塑造一个人思维方式和观点的习惯，因此也会塑造他对周围世界的影响。影响力从内心开始。

下面是一些负面想法的例子，包括负面想法对情绪的影响以及如何将它们转变为建设性想法，使影响力行为更加有效。

负面想法	负面感受	无效行为	建设性想法	建设性感受	有限行为
我不信任他！	躲避	回避这个人和这个问题	他尽了最大努力，我也可以尽自己的一份力来创造信任	自信	以开放的心态倾听和交流
她错了！	气愤	在网上打口水战	她可以有不同意见，我不需要介入	自控力，冷静	退后一步，谨慎地选择在线参与方式
记者对于马戏团的问题很愚蠢（根本就没有动物！）	感到有被操控的危险	迅速而尖锐地回应记者	她只是为了尽职	冷静，善解人意	花点时间回应，为下一次建立良好关系做铺垫

总　结

外部世界是巨大的，可能包括比上文描述的多得多的当下和未来的利益相关者。无论如何，重点是大家的行为在外部世界会成倍放大，并引起连锁反应。我们所有人都需要意识到，信息透明化所产生的影响力浪潮如何影响了周围的世界。我们影响力的存续不以个人意志为转移。世界各地的联系越来越紧密，外部利益相关者管理应该在所有领导者的议程和工作重点中占据重要位置。

对文化的影响

组织的内部文化在组织对外的形象中扮演着重要角色。内部文化中发生的事情会渗透给外部的利益相关者。文化总是在展示。文化是一种行为、信念、假设、价值观和互动方式，将一个组织与另一个组织区分开来。无论你是否了解文化，你的文化一直在展示。因此，通过关注和思考你的外部影响，以及你作为品牌大使的表现如何，你也在内部强化了这种强大的文化。

自我评估

在完成本节中的解决方案后,请再次回答这些问题,以查看你取得的进展。

你如何评价自己在这些领域影响外部世界的能力?

	1 非常糟糕	2 糟糕	3 一般	4 不错	5 非常不错
选择有影响力的行为					
考虑你对客户的影响和他们的体验					
与你的合作伙伴、供应商和分包商等有效地合作					
管理媒体/纸媒					
社交媒体和品牌管理					

建立良好的声誉需要很多善举,而失去声誉只需要一件坏事。

——本杰明·富兰克林

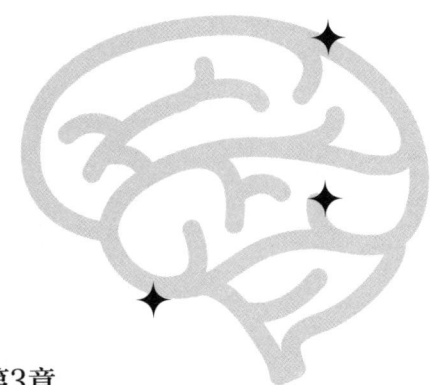

第3章
Chapter Three
对不同预期结果的影响力

有时,应该从不同的影响力角度来考虑业务策略和预期结果。本书的这一部分旨在帮助你思考实现预期结果的方法,这超出了战术项目规划的范畴——指导你了解谁会受到结果的影响,以何种方式受到影响,以及在这个过程中应该如何进行沟通。

每节都提供了影响力路线图,帮助你创建行动计划,从而实现预期结果。所有步骤中都包含了一些帮助你前进的工具和技巧。

第8节

协作影响力

领导力事实

你知道吗？
当员工被说服进行更多协作时，公司的盈利能力会提高。[26]

自我评估

在阅读本节之前，快速完成以下自我评估。
你如何评价自己在这些领域中推动协作的能力？

	1 非常糟糕	2 糟糕	3 一般	4 不错	5 非常不错
帮助大家更好地了解彼此，从而能够坦诚地沟通					
为大家共享信息、知识和想法提供便利					
解决冲突和紧张局面					

协作案例

我们今天在社会中经历的快速变化意味着，大多数（即使不是全部）组织迟早会要么颠覆市场，要么被市场中的新老玩家颠覆。颠覆意味着实现颠覆性的创新，做一些从根本上改变现状的事，而且没有人可以独自做到这一点。

这种颠覆需要一种"新"的领导才能：能够在不断变化的波涛中穿行、领导与协作的领导者。这需要精诚协作。

协作有点像玩拼图。各个零件可以完美地融合在一起，缺少任何一块，图片都是不完整的。每个人都把自己独特的一面带到了工作拼图中，领导者们也认识到了把所有部分组合在一起的价值。

这么说来，合作就是结合：

◆ 心灵与思想
◆ 技能与特质

- ◆ 知识与智慧
- ◆ 优势与多样性
- ◆ 支持与帮助
- ◆ 行动与承诺

当你希望对协作产生影响时，你需要有构建共享与合并这些组件的能力。你需要让协作看起来有吸引力且毫不费力。大家在工作中的习惯形成了文化，这种文化使大家的行动和行为几乎是无意识的。因此，要进行协作，你需要塑造一种学习文化。学习并不是要追求正确，而是要虚心向别人学习，并认识到这样比独自学习获益更多。这是一种协作的学习文化。我们再重复一遍——一切从你开始——你做的事是具有感染力的。你是否在率先示范协作和学习了？

你还需要意识到，如果人们之间的冲突和紧张得不到妥善解决，就会产生压力，从而影响精神/情绪和身体健康，然后阻碍协作。因此，如果领导者和团队成员想要塑造健康、高效和协作的团队体验，那么冲突管理是一项必备技能。其实，与其称之为冲突管理，不如称之为冲突领导力。我们所有人都需要在冲突中发挥领导作用，而不只是在冲突发生时被动地做出反应。毕竟，领导力是影响他人的行为，而我们都需要相互影响，利用意见分歧所蕴含的创造力，建设性地解决冲突。这是所有人的责任。

人与人之间的冲突和紧张可能是很多不同的原因导致的，并可能以多种不同的形式表现出来。有时，冲突可能是公开的、争论性的形式，有时可能是被动攻击的形式。被动攻击往往不太明显，因此更难解决。

以下是我们经常观察到的职场人士之间产生冲突和不愿协作的原因：

- ◆ 缺乏有效的沟通，导致谣言四起，损害信任。
- ◆ 个人差异，即大家彼此不理解或不喜欢对方，并认为"我是对的，你是错的"。

- ◆ 目标和优先级互相冲突，在矩阵环境中尤其常见。
- ◆ 地理位置分散，互相不易接触。
- ◆ 角色和职责不明确等因素导致的竞争行为。

冲突的负面影响

如果冲突或紧张局势没有得到控制，或（更重要的）没有得到领导，那么就会削弱信任，使大家独自工作而不与他人协作。在非常糟糕的情况下，冲突还会让大家相互对抗，这既会带来压力又会降低效率。大多数人在工作上投入了大量时间，这不是他们想要投入时间的方式，更不用说对生产力的消耗和成本的影响了。

冲突本身并不是坏事

冲突只是意见分歧而已。意见本身并无好坏之分，是我们对此做出的解释产生了负面的冲突感，从而对协作产生不利影响。

冲突源于某事是对还是错的想法，这反过来意味着，当意见出现分歧时，某人是对还是错。当大家以这种方式思考时，他们想成为正确的那个人，于是不再从他人的观点中寻找潜在价值。而且，如果双方都希望自己是对的，那么紧张感就会因双方都没有被倾听或重视而产生，而且紧张感和冲突感会逐渐增强。

协作影响旨在使大家主动自愿地协作，这样你就可以有效地塑造一种协作文化——"事情在这里是如何完成的"。在许多组织中，大家不在同一地点办公，却是矩阵的一部分，向多个领导汇报。协作需要被着重强调才能成为现实。协作不太可能偶然发生，需要有意识地去推动。最近的一项研究[27]表明,促进协作的组织获得出色绩效的可能性比不重视协作的组织高出5倍。

平均来说,我们每周在工作上花37个小时,这意味着大多数人与同事在一起的时间比与家人和朋友在一起的时间更多。所以,如果我们不能与同事和睦相处,或者我们的团队无法有效协作,那么这37个小时会是很痛苦的。

我们来思考一下如何实现协作影响,并创建一个路线图。路线图中的步骤包括实现目标的工具和技巧。

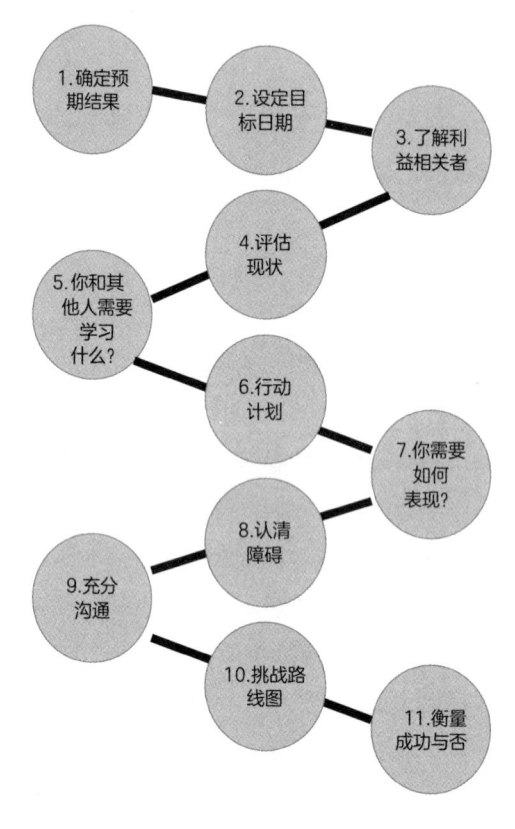

协作影响力路线图

路线图第1步：确定预期结果

那么，你想达到什么目标呢？你希望大家为了什么目标而更有效地协作？你对此越清楚，协作对你和相关人员的吸引力就越大，从而帮助你做出选择，推动你朝着目标前进。这个思考过程会涉及那些你希望与之增强协作的人。

协作的一个重要方面是关注对长期成功至关重要的关系，比如，与客户的、供应商的、潜在客户的以及同事的关系等。现在就在尊重与协作上投入时间，随着时间的推移，你就可以建立一种尊重和协作的关系。这不仅是一件"正确的事"，还能让他们将来更愿意与你合作。而且，良好的关系也会带来口碑，客户和利益相关者会找到你，因为他们逐渐看到了你一致、礼貌和协作的方式。

最终，协作的重点是战略性地考虑行动的效果，决定下一步应该采取什么步骤。优秀的团队会考虑如何协作，以便最大限度地提高给予客户和组织的价值，协作也可以成为晋升的差异化因素。在职业晋升和寻找新工作时，具有出色协作能力的候选人会脱颖而出。因此，你越能促进和发展高层次的合作，所有人就越能从中获益。你的职位越高，对人际合作的机会就越了解，也因此可能需要成为协作的发起者。

那么，结果会是怎样的呢？让我们举个例子，并在整个章节中继续使用这个例子。

> 斯蒂芬的工作表现一直非常好。但过去几个月里,他的表现开始下滑,月度目标也没能实现。赫尔穆特一直在关注他,问他在做什么,为什么数字会发生变化。
>
> 团队里发生了一些变化,既有结构性变化,也有来自总部的变化。在这样的情况下,大家更难看清自己的职责,所以他们都埋头只顾做自己的事。团队互动减少,协作受到了影响。斯蒂芬很努力地尝试改变这种情况,但没有任何效果。
>
> 斯蒂芬希望成员们能再次合作,因为他意识到这是他们能够取得成果的唯一途径。在他看来,这是显而易见的。在下一份季报中,斯蒂芬必须证明团队有所进步。

任何结果都应该有助于实现组织的愿景和目标,你设定的目标结果应该与每个人的角色相关联。

推动协作必须有一个令人信服的理由,而不仅仅是"这么做是一件正确的事"。不仅如此,在这个案例里还有一个紧急任务——他们必须实现工作目标。没有任何商量的余地。

这个案例的结果可以描述为"我们的团队会积极合作,分享知识、见解和创造性思维,以实现我们的月度目标"。

在下面填写你的协作结果：为什么你希望大家更有效地协作。

协作结果是：

路线图第2步：设定目标日期

你打算什么时候实现这个目标？如果没有明显的目标日期，你是否需要创建一个？截止日期能让你的精力更集中，也会让你的内心时钟嘀嗒作响。缺乏明确的终点，事情就会随波逐流，拖延就会发生，能衡量的事就能完成。

在本节的故事中，斯蒂芬给了自己3个月的时间来扭转局面。

你的目标日期是什么时候？填在下面的方框中。

目标日期是：

路线图第3步：了解利益相关者

这涉及了谁？影响了谁？谁是你的利益相关者？你对他们了解多少？你还需要了解他们的哪些方面？

> 斯蒂芬原以为很了解自己的团队成员，但大家最近的行为变化让他意识到自己忽略了一些东西，需要更多地参与进来，弄清楚到底发生了什么事。斯蒂芬意识到公司的结构变化对大家的影响超出了他的预期。他知道团队通常想出色地完成工作，并充满了自豪感，因此，他需要利用这种驱动力和自豪感来促使他们集中精力解决这个问题。斯蒂芬打算利用这种团队力量作为实现目标的助力。
>
> 斯蒂芬痛苦地意识到还有其他利益相关者参与其中。现在团队表现不佳，其他高级领导以及赫尔穆特也给予了更多的关注和压力。关注增加的原因与最近的结构变化有关，这些变化产生了新的矩阵汇报关系，并对透明度提出了更高的要求。
>
> 斯蒂芬意识到他不能再忽视这个新的利益相关者群体了，他决定对各个参与者的议程、优先事项和目标进行一些研究。

斯蒂芬希望他的团队成员能够更紧密地协作，因此他的协作影响是针对团队成员的。但是，其他高级利益相关者有需要满足的期望，因此，斯蒂芬也需要同时小心地管理这些期望。这不是额外的事，而是他的分内工作。许多领导者错认为这是一项额外的任务，但其实领导者的工作就是在整个过程中影响利益相关者。

斯蒂芬在研究利益相关者时，停下来思考大局后意识到，他需要平衡几个利益相关者群体和团队成员。他分别定义为：他的团队、他的同事、他们的团队、赫尔穆特以及赫尔穆特的同事。他决定与赫尔穆特以及他自己的同事交谈，以明确他们的优先事项和期望，这样他就可以完成利益相关者分析。斯蒂芬增加了他对利益相关者施加影响的机会，如果他没有花时间反思，这些是不可能发生的。

你必须停下来思考整体局面，要有战略眼光，并分别考虑每个利益相关者以及他们之间如何相互影响。

请在下面填写你自己的利益相关者分析。

我的利益相关者是：

这是我对他们及其需求的了解：

有关利益相关者规划的详细信息，请参见第4节。

路线图第4步：评估现状

要现实地看待围绕这个具体结果的协作水平，注意现状与预期结果之间的差距。差距有多大？你确实需要知道差距的大小，这样才能对缩小差距需要付出的代价做出现实的评估。接受当前的现实，不要以好坏对错来评判它。

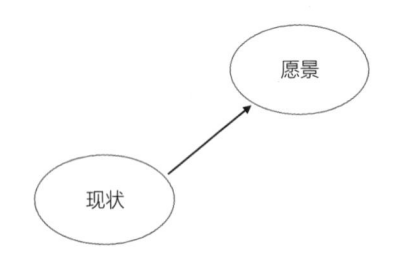

```
        愿景
         ↑
         |
    现状
```

当现状与预期结果之间存在差距时，那个空间里就会产生一种自然的张力。这种张力就像当前和未来之间的一条被拉紧的橡皮筋。除非你期望的结果强大到能够把你拉出当前现实，否则你会弹回到当前现实。因此，请确保你追求的结果是非常明确的，并与相关人员分享。

> 斯蒂芬在电话会议上观察他的团队。索菲亚听起来像以前一样冷淡，并没有真正参与。塞缪尔知道这些问题的答案，但选择把这些信息保留给自己。JR主导了会议，是在对大家讲话而不是进行对话，他处于"发送模式"，而不是"接收模式"。
>
> 他们把团队遇到的问题归咎到其他团队和个人身上。

斯蒂芬对目前的情形感到沮丧，这种最低程度的协作与他所期望的慷慨协作相去甚远。对他来说，缩小这种差距非常重要。

目前的状况是，团队成员间没有互相倾听，他们对彼此隐瞒了信息。几个团队成员主导了会议。

你们的现状是什么样的（与你的结果相比）？在下面写下来。

我们的现状是：

你会如何处理现状与预期结果之间产生的自然张力和差距？坚持你的想法，我们将在步骤6中制订行动计划。

路线图第5步：你和其他人需要学习什么？

你需要学习什么才能做到这一点？你的利益相关者需要学习什么？

高效的协作要求我们有学习的愿望，并能够在学习文化中运作。在变化快速发生时，我们不可能了解一切。我们需要"全面学习"而不是"无所不知"，因此要认真思考你和他人需要学习什么。

> 以前，当团队在熟悉、舒适的结构中工作时，团队合作是相当容易的。谈论如何一起工作也很容易。现在每个人都提心吊胆，不太清楚应当如何做事。彼此的工作是否存在重叠？不在同一地点办公要如何进行沟通和协作？尤其是当他们缺乏完全一致的目标，甚至优先事项可能相互冲突时。
>
> 克里斯汀对无法晋升感到失望，安娜现在要向一个她不喜欢也不信任的人汇报。赫尔穆特对他们的关注似乎比以前更多了，但这对团队表现出的犹豫行为没有作用。

斯蒂芬需要深入了解问题的根源，他必须认识到结构变化对团队的影响，并学会如何让这种影响变得更加积极，他还要学习如何"管理"老板赫尔穆特。赫尔穆特正在干涉团队，斯蒂芬需要让他在变革中变得具有建设性。与赫尔穆特交流时，斯蒂芬需要知道如何提供足够的背景信息，并阐明变化如何影响了他的团队。赫尔穆特需要对这个团队增进了解，而这个团队需要学习如何在一个更加矩阵化的环境中工作。

你和你的利益相关者需要学习什么？在空白框中记下你的观察结果。

这是我需要学习的：

这是我的利益相关者需要学习的：

路线图第6步：行动计划

需要做什么？

谁来做这件事？

什么时候完成？

当你把如何让大家为特定结果而协作的想法汇集一起时，记住他们可能需要了解协作的迫切原因。他们需要看到对彼此的影响，以及这对协作水平有何影响。

在我们的书《团队公式：找到成功之道的团队领导故事》[28]中，我们概述了打造高效协作团队的公式。

对这些因素进行反思，确定与你在行动计划中应该重点关注的领域。

1.**团结一致**。以建立一个协作的团队为目标。花时间去行动，去计划（因为协作很少自然发生）。

2.**加深彼此了解，建立信任**。每个人都是不同的，大家通常会尽量避免惹恼别人或引发冲突。仅仅因为某人的想法或感受与你不同，并不代表他们错了。如果你对某人感到恼火，假设他们带着善意在行动，然后看看你自己的反应会发生什么变化。花些时间想想，如果我们每个人都假设他人是善意的，情形会有什么不同。会感觉不太一样，对吧？

　　3. 要勇敢，真正开诚布公地彼此交谈。沟通永远不嫌多。即使你无话可说也要沟通，尤其在变革时期。分享信息，让大家感到信息灵通、轻松自在，这样他们就可以专注工作，而不是揣测哪些信息被隐藏起来了。做一个公开诚实的榜样。如果你以正面方式表达不同意见，就可以引发有益的辩论。表达分歧是关键，只需要迈出第一步来谈论分歧，同时假设对方动机是善意的，寻找正确的结果，并放弃对正确的需要。

　　4. 互相给予TOP行为反馈。鼓励点对点的指导，团队/矩阵成员以友好的方式分享基于事实的观察，突出观察到的行为、行为产生的影响和对未来行为的建议。有关TOP反馈模型的详细信息，请参见第5节。

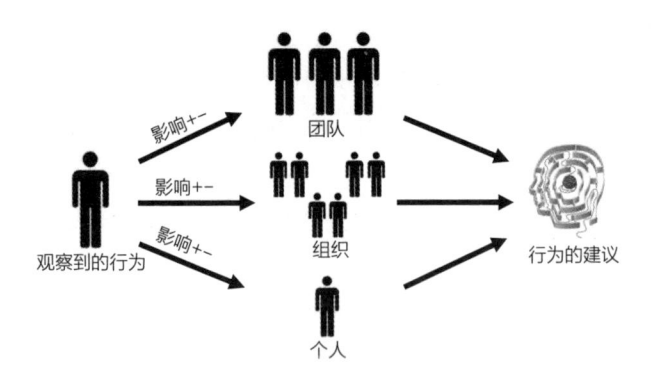

◆ **建立个人和团队的优势，创造动力和自尊**。没有人擅长所有领域，但每个人都擅长某个领域。认清团队/矩阵成员拥有的所有优势，并就如何充分利用这些优势进行交流，以使整个团队受益。

◆ **就团队目标和方向达成共识**。确定目标是共同的，或者至少是一致的、不冲突的。战略性地思考短期、中期和长期的重点。将目标与目的和公司愿景联系起来，确保团队/矩阵成员的个人目标相互关联，并与团队的整体目标相联系。有了互相关联的目标，团队成员就可以在彼此的成功中获益，就有了共同努力取得成果的动力。有时，你需要帮大家看到他们所做的事与他人所做的事之间的联系，以及他们是如何互相依赖的。阐明这些联系如何与目标相连，不要期望团队成员会自动看到这些连接。

◆ **确定一起工作的方式以及衡量成功的标准。**明确职责，消除工作重叠和返工。为了协助沟通和协作，创建和认可有效的工作流程和工具。

◆ **慷慨，大胆地与同事分享你的知识。**当每个人都认识到知识在分享后会孕育新的知识，并因此慷慨行动时，真正的创造性对话就会发生，新的创新解决方案就会出现。这是强有力的协作的缩影，通过共同努力，每个人都能取得更大的成就。

◆ **对达成的协议竭尽全力。**创建一份承诺文件，一份团队协议，每个人都签名，并把它保存在网上或可见的某个地方，让每个人都能看到。共同签署协议的过程会进一步巩固承诺的重要性。

◆ **信守诺言，对彼此负责。**承诺如不遵守，很快就会削弱信任和协作意愿。诺言往往比承诺更强大，而且往往更个人化，是在个人层面上做出的。无论是违背诺言，还是遵守诺言，都会在情感层面上产生影响。

> 根据以往经验，斯蒂芬已经了解到领导团队有两种主要方式。第一种方式是让员工在缺乏"团队"互动或领导者指导的情况下独立完成工作。第二种方式是成为积极主动的领导者，为团队提供方向、结构和文化，协助它成为一个出色的团队。

> 斯蒂芬曾经以第二种方式领导过团队,并且意识到团队经历的任何改变都需要额外关注,这可以让团队专注于共同目标及实现目标的最佳方式上。他非常清楚,要让团队互相协作,需要先做好准备工作,而这就是他现在要做的事。

领导者很少有时间能够完全专注提高团队表现,尤其是当他们正在经历耗时的变革过程时,但这绝对是一笔回报丰厚的投资,而且回报发生的速度超乎你的想象。如果你能让团队团结一致,就能够快速交付出色的结果。

斯蒂芬决定重新连接团队的目标,让团队就如何高效地实现目标进行对话。他打算向团队成员提供具体的反馈,说明他们现在的工作方式与以前相比有何不同,以及由此带来的影响。他需要处理由组织结构变化引起的冲突和紧张感,并帮助团队/矩阵成员清楚地看到各种可能性。

完成下面的行动计划。

需要做什么?	怎么做?	谁来做这件事?	什么时间完成?	这对协作有什么影响?

路线图第7步：你需要如何表现？

你需要如何表现？这些行为如何带给他人正面的感受，从而使他们想要更多的合作？

这里有几个因素需要考虑。

当然，你自己首先要有协作的意愿，行为是会传染的。要求别人做的事要从自己做起。你在树立什么样的榜样作用？

行动计划中的解决方案需要实际行动才能达到最佳效果。行动本身会让你走得更远。有了正确的行为，你就能言行一致，你的协作影响力也会更大。

正如上一个步骤中提到的，如果双方有共同的目标，协作就会变得更容易、更直接。这一点可能需要不断重申，大家需要通过不断沟通来提醒自己。

由于合作往往因冲突而受阻，你的冲突领导行为变得至关重要。以下是一些在"管理冲突"、建立信任和促进合作时至关重要的行为：
- ◆ 接受（自己和他人）
- ◆ 好奇
- ◆ 尊重
- ◆ 真诚地关心他人
- ◆ 慷慨大方，分享你的知识与经验
- ◆ 适时给予赞扬
- ◆ 放弃对"正确"的需求
- ◆ 信守承诺（值得信赖）

斯蒂芬发现自己也受到了团队挫败感的影响。他的压力越来越大，这不是个好的状态。和其他人一样，他在压力下往往不是最佳状态，精神和情感资源减少，无法清晰地思考以获得洞察力和智慧。简而言之，他不是最好的自己。

斯蒂芬有写日记的习惯，让他有机会反思自己的行为和反应。他知道必须非常仔细地思考自己的行为，不仅为了团队，也为了自己。他首先需要审视自己的行为，然后帮助团队成员重新振作起来，回到更广泛的合作中来。

斯蒂芬需要给团队更多的指导、参与和合作，表现出他能够激励大家对新的工作方式充满希望和热情。他可以利用自己鼓舞人心的风格，保持耐心，不让自己陷入别人的挫折感中。他是可以选择自己的行为的。

那么，你打算采取什么行为来推动协作呢？

我会采取这样的行为	我的行为会这样影响行动计划的各个步骤

路线图第8步：认清障碍

存在哪些障碍？或者有可能存在障碍吗？怎样克服这些障碍呢？团队合作的常见障碍有：

◆ 个性差异

◆ 信任不足

◆ 看不到合作的相关性和重要性

- ◆ （负面的）初始印象一直持续
- ◆ 自尊心成为障碍
- ◆ 缺乏时间
- ◆ 大家太忙了
- ◆ 大家的心态
- ◆ 不愿意分享信息/经验
- ◆ 地理距离

这些都可能导致犹豫不决或不愿合作，使得即使是最简单的任务也难以执行。

> 这个团队分布在6个地点，横跨3个时区，迄今为止还没有找到有效的沟通方式，尤其是他们并不是每个人都彼此认识，所以打电话交流不是一件容易的事，而且每个人都很忙，没有时间优先考虑为别人提供帮助或积极协作。

斯蒂芬觉得他必须知道所有答案，他发现自己很难向别人求助，同时也很忙，很难留出时间。经过反思，他意识到自己希望团队参与到寻找解决方案中来——解决团队在工作地点存在差异的情况下如何有效沟通的问题。

对你自己、对团队、对组织来说，你认为哪些障碍是需要克服的？

我可以预见到的障碍：

我会这样克服这些障碍：

路线图第9步：充分沟通

你会交流什么？谁？何时？如何？向谁？

在交流中，你需要如何表现？

为取得特定结果而沟通时，双向沟通有两个方面需要特别注意。

第一个是框架，你如何构建整个信息，尤其是初次传达这个信息时。信息构建在很大程度上取决于你如何沟通，使用的词汇，讲述的故事，帮助大家看到所说内容重要性的方式。这是一种能够让大家听从于你的信息传达方式。你如何建立一个能从相关人员那里得到即时反馈的回路？

第二个是工作进展和工作结果的交流结构和决心，以保持员工的积极性并让他们看到进展，这通常包括频率、方法、通道和反馈回路。

> 斯蒂芬知道，由于团队成员比以前更加独立工作，他需要加强沟通，以帮助团队/矩阵快速完成变革，他还计划与高级利益相关者加强沟通，以满足他们的期望。

斯蒂芬确定了有利于各个利益相关者群体的关键信息。

他的团队：

◆ 这是我们共同的目标。

◆ 团结一致，我们就可以取得更大的成就。

◆ 我会这样支持你。

◆ 创造性的对话从来都不是单独完成的。

他的老板赫尔穆特：

◆ 这是我正在做的事……

◆ 我们会这样支持您。

◆ 我的团队在以下方面需要您的支持……

其他高层领导：

◆ 这是我们现在的境况。

◆ 这是我们取得的进展。

◆ 我们可以这样支持您。

◆ 这是您可以在您的领域内提供的支持。

你希望你的利益相关者了解什么信息？请填写下面的空白框。

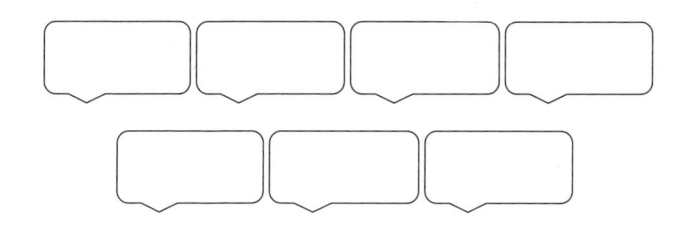

路线图第10步：挑战路线图

挑战你的影响力路线图草案：你如何以不同的方式重新考虑路线图？

让我们再次质疑一切。如果有一种不同的方式来实现协作的结果呢？回顾一下，目前为止你反思过的内容，问问你自己：我怎么能以不同的方式思考这一切？有没有一种完全不同的方法能让大家高效地合作呢？

先把路线图放一天，然后再审核	问一个朋友
与同事交谈	与你的团队交流

从一个新的角度来看待路线图，把自己想象成另一个人，下面举几个例子（想象一下他们的样子和声音），他会怎么做？
猫王
你的儿子/女儿
J.K.罗琳
其他人

到目前为止，你还有其他想法要添加到计划中吗？

当我挑战目前的想法时，结果是这样的：

路线图第11步：衡量成功与否

你如何衡量推动协作的成果？你如何知道你们是否达到了预期的协作水平？你会如何确保自己在实现目标的道路上坚持到底？你会如何庆祝成功？

> 团队正在审阅事情的进展：哪些措施有效，哪些措施无效。他们达到目标了吗？这是斯蒂芬现在每个月都与团队一起做的事，而不是每3个月才做的。

斯蒂芬知道协作最终会在团队成果中体现出来，这也会体现在大家对工作的感受上。因此，他选择了两个主要的衡量标准：总体目标是否实现以及内部和外部的团队反馈。他带团队出去吃晚餐以示庆祝。

你会如何确保自己坚持到底？你会如何衡量和庆祝成功？

我会这样跟进：

这是我衡量成功的标准：

这是我庆祝成功的方式：

对文化的影响

如果你想创造一种互相协作的文化，你需要首先创造一种学习的文化。学习不是为了要事事正确，而是要虚心向别人学习。这是一种协作的学习文化，要意识到你在奖励什么行为，并确保你奖励的是团队协作行为。明确地说出你为什么要奖励这种积极行为，并注意真正的协作是如何逐渐成为文化规范的。

现在你已经按照自己的方式实现了协作影响，你也可以通过填写本书后面的影响力路线图工作表或从www.2020visionleader.com/ImpactRoadmap下载来转移你的笔记并创建完整的计划。

自我评估

现在你已经创建了影响力路线图,完成以下自我评估来回顾你取得的进展。

你如何评价自己在这些领域创造协作影响的能力:

	1 非常糟糕	2 糟糕	3 一般	4 不错	5 非常不错
帮助大家更好地了解彼此,从而能够坦诚地沟通					
为大家共享信息、知识和想法提供便利					
解决冲突和紧张局面					

秘诀就是联合起来对付问题,而不是对付彼此。

——托马斯·斯塔坎普

第9节

变革影响力

领导力事实

你知道吗?
财务状况较好的组织里有更多的女性担任领导角色。[29]

自我评估

在阅读本节之前,快速完成以下自我评估。
你如何评价自己在这些领域中推动变革的能力?

	1 非常糟糕	2 糟糕	3 一般	4 不错	5 非常不错
协助大家接受变革					

让大家帮助推动变革				
允许大家一起工作来创造变革				

接受并推动变革的案例

成功的变革需要每个人的参与。本节会探讨如何规划自己的影响，帮助大家接受变革并推动变革，从而使变革成功。

我们已经知道，大家会因为以下两个原因之一而改变：

◆ **迫切的需求**。当有事必须要完成，或者没做就会有严重后果时。当目前的现实过于痛苦，大家需要远离它时。

◆ **令人信服的理由**。当大家的强烈欲望驱使他们去做某事时。

强烈的忠诚

在两家公司合并期间，塞缪尔对老品牌非常忠诚，他想留住他们曾经创造的美好事物，他喜欢这些事物代表的意义。斯蒂芬则热衷于看到合并向前推进，他因即将发生的变化而开心，热切地期盼新点子能够源源不断地流入新合并的公司里。

> 这会形成两个阵营，把大家拉向不同的方向。有些人逃避新公司带来的痛苦，另一些人则觉得在新环境中工作是一种乐趣，为变革感到兴奋。在这种情况下，迅速让团队一起探索他们共同的新目标和方向是非常重要的。不然分歧可能会扩大，组织可能需要更长的时间才能有一个新的开始。一个好办法是创造出对新事物的共同感受和兴奋感，包括在旧品牌中取其精华，而不是在新品牌中失去它。这种方法确保合并增加了价值。毕竟，这是合并的首要原因！

牢记这两个原因，你就能有效地激励大家做出改变。了解大家改变的真正原因也有助于你规划方法：是朝着令人激动的方向，还是朝着远离痛苦的方向？

多年来，管理变革一直是全球各地组织的关键需求。

管理变革在很大程度上是对变革的反应，以使这些变革起作用。成功管理变革可以确保你的业务有效地应对内外部事件造成的状况。

但仅仅管理变革并不足以充分利用即将到来的机遇，我们还需要能够领导变革。

那么，除了"变革管理"以外，我们应该在词汇表中加上"变革领导力"吗？当然！

领导变革，而不仅仅是管理变革

变革领导力包括什么？

积极主动

领导变革就是要积极主动，这意味着思考未来：我们下一步需要做什么，我们需要如何改变才能满足客户/世界对成功的需求？这也意味着环顾四周：我所在的市场、世界和社会发生了什么？我需要注意什么？有什么迹象表明事情可能会改变或者应该改变？

进行战略思考

我们为什么要改变？变革会对实现愿景有什么帮助？什么是把我和其他人以及整体愿景连接在一起的纽带？

控制局面

领导变革就是控制局面，比感到失控好得多。当你开始积极主动地面对变革时，它会成为一件非常自然的事，并且对团队成员的潜在威胁也会减少。

让团队参与进来

领导变革的另一个关键方面是让员工参与其中。领导变革不仅仅是领导者的职责。所有员工都能积极地审视周围的世界，了解更宏大的图景,并为组织做出更好的决策。

对变革的情绪反应——注意你自己和他人的情绪

变革会引起情绪波动。了解变革对你的影响、你对变革的情绪反应以及它是如何渗透给别人的。然而,其他人可能会与你有不同的情绪反应。应对变革的一个重要方面是理解你如何对他人做出反应,以及他们是如何反应的。

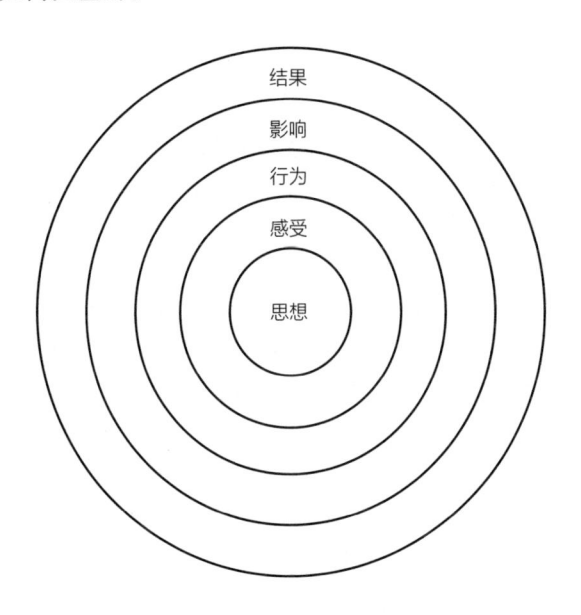

结果
影响
行为
感受
思想

(2020愿景)领导者影响力模型™

大家的感受会影响他们与变革的联系,以及变革是否会真正发生。对情绪的忽视是许多变革失败的原因。许多人想要忽视情绪变化,因为它相当难处理。另一些人意识到了情绪变化,却想快速跳过它。

引导和管理内在的自我会引起连锁反应，如上面的模型所示。

这个模型展示了我们的思想如何影响感受，然后使我们以某种方式按照感受行事。这个过程决定了我们会如何影响他人，从而最终影响我们得到的结果。

这对我来说有什么好处？

随着兼并成为现实，赫尔穆特已经考虑过为了尽快实现预期增长，他需要什么资源。到目前为止，他的直属下级塞缪尔作为其中一支核心团队的负责人做得不错，但赫尔穆特认为他的思维不够敏捷，所以决定给塞缪尔降职，让斯蒂芬接替他的位置，成为他的经理。

赫尔穆特做出决定后就去找斯蒂芬，让他担任这个新职位。斯蒂芬开心地接受了邀请，但没有意识到塞缪尔仍然会在身边，成为他的直属下级。就在斯蒂芬加入团队的前两天，赫尔穆特决定告诉塞缪尔他被降级的消息，他没有考虑到塞缪尔会有什么反应。塞缪尔既震惊又愤怒，觉得自己受到了不公平的对待。与此同时，他并不想另找一份新工作，因为可以继续保持目前的薪酬水平，所以他决定留下来——但心不在了，他不会让斯蒂芬的日子好过的。

在这个例子中，塞缪尔对变革的第一反应是"这对我来说有什么好处"，这是人的自然反应，不能忽视，需要加以考虑。这对任何人来说都不是一个好的处境,尽管赫尔穆特花了一些时间考虑将要进行的变革,但还是忽略了变革对团队成员的影响。

在任何变革过程中,大家都会问自己:变革对我有什么好处?对我有什么影响?对我、我的工作、我的生活、我的家庭,意味着什么?

记住,说服大家需要各种不同的方式,所以,你需要使用不同的方法让他们参与变革。不能总是一刀切。

变革领导需要考虑上文所述的所有动态。下面列举一些我们经常遇到的重大变革场景:

◆ 兼并、收购和分拆
◆ 更换领导
◆ 数字化转型,包括自动化、人工智能等
◆ 结构变更——角色、汇报线、团队变更
◆ 裁员
◆ 快速增长
◆ 文化改变

变革领导力无效的后果

如果变革没有被谨慎地管理,人员和团队可能会受到极大的影响。变革的引入通常被看成突然的,即使领导或变革的创造者已经考虑了很长时间。人员和团队对突然变化的反应可能会让局面变得紧张。

◆ 变革会带来压力,从而影响情绪。在这种情况下,冲突和不必要的紧张关系就会发生。

◆ 员工充满不确定感,会花时间揣测变革,这会分散他们对工作的注意力。他们的精力和参与度会下降,更不用说工作效率了,他们会花时间推测变化，减少对工作的投入。

◆ 如果变革没有经过适当的考虑和计划，那么实施效率就会降低，员工的工作效率也会随之降低。

"变革疲劳"是组织面临的又一个挑战。我们生活在一个不断变化的世界里，这很正常。变革疲劳需要注意，它只会让大家感到被变革压垮，从而对变革变成被动攻击。他们会点头，意思是："我听到你说的话了，但我不打算有任何行动，因为一切很快就会再次改变。这些我都见过。"他们在变革中变得被动，因为他们厌倦了重复的变化。

所有这些挑战都会影响个人和团队，导致效率下降，而这通常代价高昂。

有效变革得益于深思熟虑的、战略性的变革领导以及实际的变革管理，它们经常交织在一起，而我们两者都需要。变革管理的一个重要部分是管理变革曲线，我们将在本节中详细地审视它。

我们思考并创建一个路线图来实现推动变革的影响力，这些步骤包括实现结果的工具和技巧。

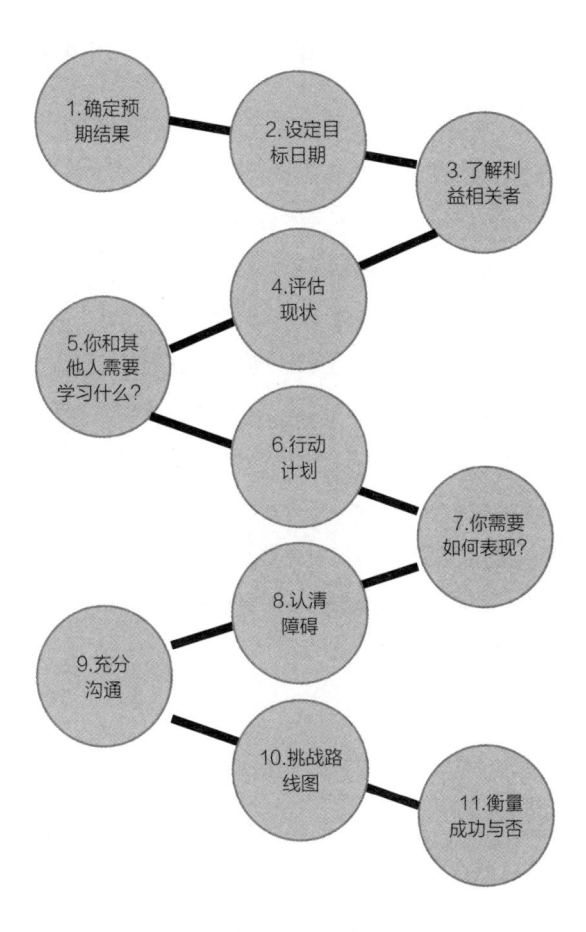

变革影响力路线图

路线图第1步：确定预期结果

那么，你想达到什么目标呢？你希望更有效地推动变革的目的是什么？你是否正在考虑具体的变革？你对此越清楚，变革对你和相关人员的吸引力就越大，从而帮助你做出选择，推动你朝着目标前进。

那么，结果会是怎样的呢？让我们举个例子，并在整个章节中继续使用这个例子。

> 安娜所在的区域正在缩小办公室的规模，并将关闭其他办公室，只留下一个小型区域中心。大家将远程工作，使用数字工具进行沟通和协作，他们也正在向一种新的独立工作模式转变，这种模式非常注重产出而非投入。这意味着每个人都可以按照自己想要的方式工作，只要他们能够按时完成工作。
>
> 有些员工喜欢远程工作，有些员工不喜欢。有些人觉得他们会失去同事间的友情，失去交流想法的能力，从而影响创造力的发挥。安娜将需要用不同的方式领导团队，信任团队成员，并给予他们更多的自由。

任何结果都应该有助于实现组织的愿景和目标。你设定的预期结果应该与每个人的角色相关联。推动变革必须有一个令人信服的理由，而不仅仅是"这么做是一件正确的事情"。

这个案例的结果可以描述为：安娜希望她的区域团队完全接受新的工作方式，并从第一天起就做好有效部署新方式的准备。

安娜需要形成新的领导习惯，以成功地领导团队将这一切变成现实。

这个例子展示了安娜作为领导者如何思考，如何有效地影响团队，让他们看到变革的价值，从而拥抱变革并成为其中的一部分。

在下面填写你推动变革的结果：为什么你想要大家接受变革，并更好、更快和更有效地推动变革？

推动变革的结果是：

路线图第2步：设定目标日期

你打算什么时候实现这个目标？如果没有明显的目标日期，你是否需要创建一个？截止日期能让你的精力更集中，也会让你的内心时钟嘀嗒作响。缺乏明确的终点，事情就会随波逐流，拖延就会发生，能衡量的事就能完成。

在本节的故事中，有一个给定的期限，安娜知道要在9个月内关闭办公室或缩小它的规模。

你的目标日期是什么时候？填在下面的方框中。

目标日期是：

路线图第3步：了解利益相关者

这涉及了谁？影响了谁？谁是你的利益相关者？你对他们了解多少？你还需要了解他们的哪些方面？

> 大家对于这次变革怀有复杂的情绪，安娜很清楚这一点。一些团队成员很久以前就已经要求想按这种灵活的方式工作了。他们非常认可这种工作方式，可以对其他的团队成员产生积极的影响，从而推动变革。那些害怕改变的人认为这威胁到了团队合作，他们质疑当所有人都被赋予自由时，是否每个人都能承担相应的责任。
>
> 由于数字解决方案是变革方案的核心，因此需要与IT协作以确保所有工作按计划进行。这对避免陷入互相指责的境地至关重要。

> 安娜必须向她的老板斯蒂芬传达变革的内容以及变革引起的成本削减。他一直是一个更宏大的变革倡议的发起人。安娜必须与同事一起实现她的区域目标。安娜还希望与领导其他地区的同事交流,以确保他们用一致的方法应对变革。客户也需要在变革过程中得到考虑,安娜希望确保变革对他们的影响是最小的。事实上,客户只需要看到变革会带来更好的结果。

安娜希望影响她的团队来推动变革,因此她着重让他们推动变革并为之负责,让他们看到变革的益处,并参与到影响其他利益相关者的工作中。如果她能让团队充分参与进来,就可以更快地实现变革。

安娜在分析利益相关者时意识到,受到变革影响的人比预期的多,而且与变革紧密相连。安娜将不得不与她的直属下级、同事、老板、IT部门和客户一起协作。她因此看清了所有利益相关者之间的联系,以及她应该如何领导这一变革。她还想"设身处地为团队成员着想",思考让他们参与变革的最佳方式是什么,让那些热衷于变革的人带动不那么热衷的人一起推动变革。

你必须停下来,从更大的角度思考问题,要有战略眼光,要分别考虑每个利益相关者以及他们如何相互影响。请在下面完成你的利益相关者分析。

> 我的利益相关者是：
>
> 这是我对他们及其需求的了解：

有关利益相关者规划的详细信息，请参见第4节。

路线图第4步：评估现状

要现实地看待大家目前对变革的接受度和参与度，注意现状与预期结果之间的差距。差距有多大？你确实需要知道差距的大小，这样才能对缩小差距需要付出的代价做出现实的评估。接受当前的现实，不要以好坏对错来评判它。

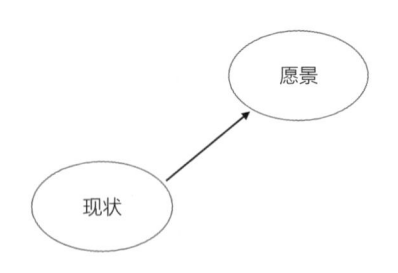

```
        愿景
         ↑
        ╱
      现状
```

当现状与预期结果之间存在差距时，那个空间里就会产生一种自然的张力，这种张力就像当前和未来之间的一条被拉紧的橡皮筋。除非你期望的结果强大到能够把你拉出当前现实，否则你会弹回到当前现实。因此，请确保你追求的结果是非常明确的，并与相关人员分享。

> 安娜正在参加一个团队会议，她的直接报告团队在讨论裁员和更小规模的新区域中心。团队提出的主要挑战包括担心不能聚在一起分享想法。他们也是一个喜欢聚在一起的团队，为了社交互动，让工作变得有趣以及为了彼此间交流想法。他们的顾虑是团队在新环境中可能会缺乏协作和动力。当我们自己独自一人远程工作时，如何保持团队协作呢？
>
> 安娜注意到一些团队成员对这一切直言不讳。团队意识到他们目前没有适于远程工作的工具，而且，他们甚至还想出了远程工作会困难重重的其他理由，安娜担心团队中原本热衷于远程工作的成员会因此变得沮丧。

安娜感到沮丧。她知道需要怎么做，她离变革更近了，而且已经和斯蒂芬讨论了一段时间。她也知道，在看清前路之前，她必然会经历裁员带来的挫折感。与此同时，她的团队也在经历同样的情绪。她希望他们能快点通过，这样他们就可以继续前进了，但她也知道她需要引领他们渡过难关。因此，她必须重视变革曲线，以及她和团队在变革曲线中的位置。

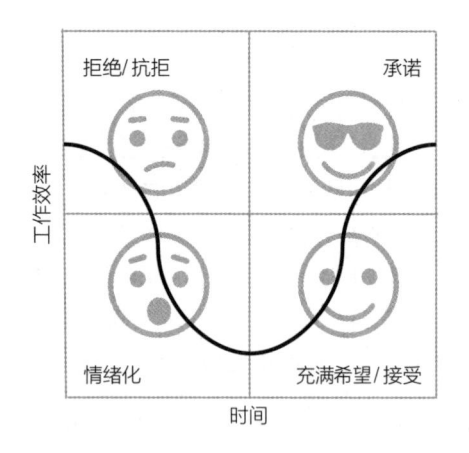

[图：变革曲线，横轴为时间，纵轴为工作效率。四个象限分别为：拒绝/抗拒、承诺、情绪化、充满希望/接受]

第1阶段：拒绝/抗拒

当员工处于拒绝阶段时，你需要与他们交流，但此时信息不要给得太多太快，提供的信息足以让他们明白变化正在发生就可以了，不要多到让他们无所适从。给他们的信息量无须太多，但交流要足够频繁。确保大家知道谁可以解答他们的疑问，确保你留出足够的时间回答问题，帮助他们通过变革曲线进入下一个象限。

第2阶段：情绪化

在这个阶段，恐惧、愤怒、怨恨和不确定感开始发作。团队成员可能需要发泄他们的愤怒，分享他们的感受，这些都是人的正常反应，你需要仔细规划这个阶段，全面考虑员工将会提出的各种障碍和异议。同时，也要认真考虑变革带来的影响。做好倾听的准备，让团队成员谈论他们正在经历什么。如果缺乏有效的领导，团队就会陷入混乱，那些感到不被理解的人往往停留在这一阶段。做好倾听的准备，协助团队成员找到他们所关心的问题的答案，这样，他们就可以进入下一个阶段。你无法强迫大家经历变革，否则你会遭遇对变革的被动攻击反应。

第3阶段：充满希望/接受

员工们正走向变革，他们已经准备好探索变革的意义，他们也开始考虑如何推动变革，并为实现变革贡献想法。做好培训、协助或指导的准备，这是你为他们的回应增值的地方。同时，让他们体验到变革会带来什么，会是什么样子。与他们谈论，并向他们展示变革实施后的情况。

第4阶段：承诺

团队经历了变革，也接受了变革。变革正在发生。庆祝成功的时间到了。记住并欣赏你们已经取得的进展，这会增强变革的积极方面，并使下次变革变得更加容易。

安娜显然处于变化曲线的承诺部分，而她的团队仍处于拒绝和抗拒状态。领导者需要了解正在发生什么，然后带着这种想法去领导团队。当安娜第一次听到要发生变革时，她也是抗拒的，但现在她已经进入了承诺阶段。这是领导者变革影响力的一部分。其实，承认你和其他人在变革曲线上的差距大概是领导变革最重要的部分。

安娜面临的情形是,团队内部怀有对变革的恐惧,还有对变革如何进行、变革对每个人的意义的猜测,即"这对我有什么好处?"这也影响了那些对变革感觉良好的人。

你们的现状是什么样的(与你的结果相比)?在下面写下来。

我们的现状是这样的:

你会如何处理现状与预期结果之间产生的自然张力和差距?坚持你的想法,我们将在步骤6中制订行动计划。

路线图第5步:你和其他人需要学习什么?

你需要学习什么才能做到这一点?
你的利益相关者需要学习什么?
变革引发了对学习的需求,我们都需要学习。
拥有学习型文化意味着对创造性更开放,迫使我们以不同的方式看待事物,有助于维持创新。
我们不再无所不知,在一个迅速变化的世界里,我们怎么可能知道一切呢?数据显示,4年制技术学位第一年的学习内容,其中一半在第三年就过时了。[30]即使是最有经验的人也有他们需要学习的东西。你需要挑战自己和他人针对不同的情况学习相应的特定知识。这个路线图中的第5步就是让你回顾需要学习的内容，你不必知道所有的答案。在一个不断变化的世界里，我们怎么可能拥有所有的答案，甚至认为你已经知道了所有答案的想法都是幼稚和过时的。

安娜的团队成员处在变革过程中的不同阶段，他们需要时间来理解这一变革的真正含义。很多人都在谈论"你会在哪里工作"和"我如何知道你会在哪里工作呢？我如何才能知道每个人在哪里呢？对于我们面临的问题或者需要完成的任务和行动，我如何知道每个人的想法是什么？这可能会很混乱。我们几乎需要重新定义工作方式，并找到在这个新环境中的合作原则。"成员们花在揣测上的时间比工作上的时间还多。

IT部门发布了几条新的工作准则，但技术及其新特性加剧了大家的争论。是时候增加对这些支持性技术的了解了。

安娜几乎没有远程领导团队的经验,她可以做到,但需要采取不同的风格。她需要学会如何在虚拟世界中领导团队,这意味着要提高对自己领导方式和领导方向的关注。安娜需要信任他人,团队成员需要赢得她的信任并相互信任。当他们无法面对面交流时,必须学会信任彼此。

团队成员需要学会远程工作,这涉及如何沟通。他们需要使用并掌握有助于他们成功的数字工具。安娜需要向上管理她的老板斯蒂芬,仔细思考如何让他了解最新情况,从而增加他对自己的信任。

你和你的利益相关者需要学习什么?在方框中写下你的观察结果。

这是我需要学习的:

这是我的利益相关者需要学习的:

路线图第6步:行动计划

需要做什么?
谁来做这件事?
什么时候完成?

任何有效的变革策略和变革过程都从回答为什么开始。为什么会发生这一变革,会导致什么结果?一旦你确定需要一个变革策略,就像在业务的其他领域也需要策略一样,这个带有行动计划的路线图就成了你的策略。从问"为什么"开始,之后不断回到"为什么"这个问题上来,建立起与"为什么"这个重要原因之间的联系。

变革领导和变革管理的解决方案多如牛毛。我们将重点讨论(我们所见过的)最能促进大家接受变革的解决方案。反思这些因素,确定哪些领域是你在行动计划中应该关注的。

1.作为领导者,你如何增加价值?

你的职位越高,应该回答的问题就越少,应该提出的问题也就越多。提问是通过变革来增加价值的一种重要方式。你问别人的问题越多,就越能让他们通过寻找答案来学习、进步和成长。这样,领导者也就增加了自己的真正价值。你需要问自己:"作为领导者/高级领导者,我在这种情况下如何增加价值?"

一些职业——新闻记者、教练、警察调查员和律师——都接受过提问训练,尤其是领导者,如果能成为提问专家,同时又能避免听起来像审问,将会受益良多。巧妙地提问是一种互动,即邀请对方进行流畅的对话。

以下是一些有效提问的小技巧:

◆ 做一个好的倾听者,不问就没有收获,所以一定要问问题。

◆ 多问会让你成为更好的提问者。

◆ 当你坐在那里听别人滔滔不绝地讲着你的答案时,心里想着"这就是我接下来想说的"时——停下来想一想——"为了帮助这个人得到答案,我能问的最好的问题是什么?"这样可以打开别人的学习之门，也可以增进你与他们之间的个人联系。

◆ 使用一些跟进的问题，比如："你还有什么其他建议吗？"以及"请就……提供更多解释"。要知道什么时候使用开放式问题，什么时候使用封闭式问题。

◆ 用适当的语调提问。"那是怎么发生的？"可以用很多种方式来表达，强调不同的词语会改变问题的含义。

◇ 那是**怎么**发生的？
◇ 那是怎么**发生**的？
◇ **那**是怎么发生的？

2.变革的情感方面

领导者需要与他们的团队一起谨慎地管理变革过程，将分心和担忧的影响降至最低，并保持团队成功。在处理变革的情感方面时，你可以采取以下措施：

◆ 讨论正在发生的事情，把恐惧和担忧公开化。大家抗拒或害怕改变的一个主要原因是，他们觉得没有人注意到或理解他们的担忧。一旦他们知道自己是被理解的，就更容易继续前进，并开始寻找建设性的解决方案。确保你和他人有持续的交流，问问："事情进展如何？你感觉怎么样？我们能做些什么呢？"

◆ 将大家的注意力集中在变革带来的可能性和机遇上，以及变革的挑战和前景上。

◆ 避免责备（责备从来都不是建设性的，只会导致防御性行为，不利于协作和团队合作）。

◆ 快速找到切实可行的解决方案，让团队专注于能够推动结果和显示变革进展的实际行动上。

3.利用积极的变革影响因素

什么是可以做对的？看待一种情况从来不是只有一种方式。你可能认识这样一些人，他们曾表示发生在他们身上的最好的事是（他们不想要的）变革的结果。

从乐观的角度出发，帮助你的团队重新构建面临的情况。请团队成员分享他们在面临不确定时经历良好结果的时刻，利用危机把团队凝聚在一起。除此之外，可以交流那些不会改变的事。2018年的一项研究显示，[31]当大家感觉组织身份没有受到威胁时，他们会更乐于接受改变，因为他们看到了一些没有改变的事情。

4.不要把时间浪费在"不确定的空虚"中

表明犯错是可以接受的。有时你会赢，有时你会从失败中吸取教训，将颠覆作为团队及其成员的一种发展方式。

提醒团队他们的目标是什么，以及他们在组织中的角色有多重要。专注目标，着手开始手头的工作。面对不确定性时往往容易放慢速度。让团队保持前进。根据实际情况酌情调整目标、计划和任务，确保团队不断进步。

5.放慢速度以加速变革

领导者会时常快速完成工作，遥遥领先于其他团队成员。停下来进行反思，确保你优先考虑变革相关事项，在正确的时间做正确的事情。

6.没有人知道所有答案

在变革中,密切合作比以往任何时候都更为重要。鼓励大家寻求帮助和他人的意见。作为领导者,你自己也要寻求帮助,不要觉得你必须知道所有的答案,没有人可以,就这么简单。

7.定期召开变革会议

这似乎是显而易见的,但你会惊讶地发现这一点经常被忽视。让团队以面对面、视频电话或语音电话的形式定期快速签到。让大家感到他们并不孤单,你们是互相支持的。找时间一起谈笑风生,开心地相处。关注工作方式,而不只是工作内容。不确定性和动荡会引发问题,这对我们意味着什么?我们如何解决这个问题?我会受到什么影响?确保团队经常讨论这些问题,这样你就能理解大家的担忧及期望,并尽力提供答案。

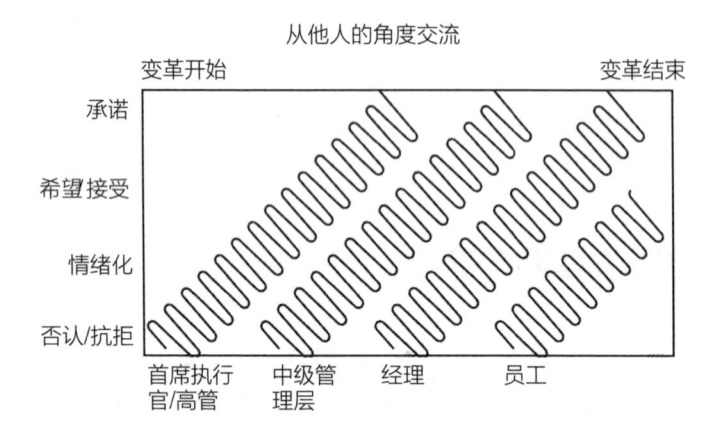

从他人的角度交流

依据以往经验,安娜知道团队决策对她很有帮助。让团队参与寻找解决方案曾经卓有成效,所以这次她仍然会这么做。开会讨论可能有点小题大做,但安娜还没有得到团队的支持,必须在争取共识上投入时间和精力。她需要把这个纳入行动计划草案,与团队讨论。接下来,她会说这只是个草案,而不是"必须的"。他们可以一起塑造这个草案,然后安娜会让斯蒂芬和她的同事参与进来。

安娜决定把一些变革会议列入议程,在接下来的9个月里,这些会议会成为常态。安娜会组织语音会议、视频电话会议和一些实体会议,这样她可以让团队真正体验到新的工作方式。安娜会留出一些"停下来反思"的时间来确保自己不会比团队走得更快,她会带着大家一起走,不会再一个人走得太远。安娜的工作是带领团队度过变革过程,这意味着她需要为团队增加价值。安娜知道自己没有所有的答案,因此团队可以一起找到解决方案。安娜的团队中有些人是变革的积极推动者,她将确保他们参与会议和行动,带领其他人通过变革曲线。

完成下面的行动计划。

需要做什么？	怎么做？	谁来做这件事？	什么时候完成？	这对推动变革有什么影响？

路线图第7步：你需要如何表现？

你需要如何表现？这些行为如何能够带给他人正面的感受，从而使他们想要更多地参与和推动变革？

这里有几个因素需要考虑。

一切从你开始。你在树立什么样的榜样作用？

行动计划中的解决方案需要实际行动才能达到最佳效果。

行动本身会让你走得更远。有了正确的行为，你就能言出必行，推动变革的影响力也会更大。

行为是变革的决定性因素，是决定变革是否发生的神奇钥匙。大家很多时候专注在任务和行动计划上，但如果你想做出真正的改变，行为就是决定性因素。

以下是一些推动变革行为，以创建变革领导力：

◆ 积极主动
◆ 反思

- ◆ 展示责任
- ◆ 积极正面
- ◆ 表示同情
- ◆ 善解人意
- ◆ 值得信赖
- ◆ 明智
- ◆ 勇敢
- ◆ 思想开放
- ◆ 表现出对变革的信心
- ◆ 最重要的是，停下来庆祝成功

> 安娜对变革感到兴奋，但由于团队对新工作方式的反应不那么积极，她的兴奋感正在减弱。安娜需要保持她的热情，她是一个积极向上的人，她也想利用这种力量。她希望在看清现实的同时保持内心乐观，帮助团队看到通向变革的道路。安娜的压力越来越大，她不喜欢这一点，也不想向团队展示这一点。
>
> 安娜情商很高，所以她知道这会如何影响团队，她对团队的批评越来越多，谈话也越来越简短，没有花太多时间在他们关心的问题上。安娜知道她必须审视自己，看看自己在向他人传达什么信息。作为领导者，她需要立即展示出正确的行为。是时候反思她自己起了什么榜样作用，并采取控制措施了。

许多领导者认为他们可以持续推进变革，员工们只要跟上并且不掉队就可以了。这种策略很少奏效，就算有些效果，也需要长时间才能显示出来。领导者认为快速前进的感觉往往是错觉。领导者必须照顾到变革的人性方面，不能低估它的重要性。在变革时期，最糟糕的情况是不参与变革的人选择继续留在公司，这意味着他们身在公司而心却不在。这很有可能会阻碍变革，因此，领导者有责任为所有利益相关者解决这个问题。

> 安娜需要保持积极乐观的心态和对变革的现实态度，表现出对变革的信心，不让消极情绪阻碍她推行对公司有益的变革。安娜必须铭记所有重大变革的原因，谈论更宏大的图景，并再次说明为什么变革会发生。安娜想要记住每个人在变革曲线上的位置，很明显，他们并不都和她处在同一位置上。

那么，你打算采取什么行为来推动变革呢？

我会采取这样的行为	我的行为会这样影响行动计划的各个步骤

路线图第8步：认清障碍

存在哪些障碍？或者有可能存在障碍吗？怎样克服这些障碍呢？有效变革的常见障碍有：

◆ 不了解变革的全局性原因。
◆ 不明白"这对我有什么好处"。
◆ 沉浸在变革引起的情绪中。
◆ 坚持既有的工作模式，从而阻碍了变革。
◆ 变革没有结果，没有向前推进，也没有看到变革的好处。
◆ 不明白一切如何联系在一起，也不明白变革与自己有什么联系。
◆ 不参与变革，但仍留在组织内的人传播了惰性。
◆ 没有真正理解变革的紧迫性。

> 安娜建立了一个强大的团队，现在她担心他们不能以新的方式完成工作。她强调了很多次团队应该如何密切协作。新的办公室意味着，只要他们能交付预期成果就可以远程工作。这对团队来说是新的经历，安娜觉得同事情谊和团队合作现在成了一个障碍。每个人都看到了分享信息的好处，他们在一起很有创造力，甚至还因此获得了一个团队奖。时间一直是个问题，而他们似乎没有时间来适应这次变革。

安娜将不得不利用这种强大的团队精神。在回顾这些障碍时，她决定让团队思考他们从一起工作中学到了什么，并在新的虚拟世界里重建这个模式。安娜从前总是很忙，有些团队成员觉得她匆忙地把事情做完，不惜以损害人际关系为代价。安娜现在的职位更高了，也更关注自己的声誉和影响力，所以她知道这个障碍必须消除。这样的"画勾"练习让她看起来更像是初级领导者，高级领导应该有比这更大的战略影响力。

对你自己、对团队、对组织来说，你认为哪些障碍是需要克服的？

我可以预见到的障碍：

我会这样克服这些障碍：

路线图第9步：充分沟通

你会交流什么？谁？何时？如何？向谁？
在交流中，你需要如何表现？
要决定什么该分享，什么不该分享。诚实是一件好事，但分享所有的想法和恐惧只会适得其反。
因此，要有意识地选择你的反应。

在变革过程中，大家往往会把注意力集中在八卦新闻和小道消息上，这会分散对工作的专注度。人性意味着大家会谈论可能发生的事情，而不是现状。领导者需要尽可能地让大家了解情况，也需要增强员工的参与感，为他们指引方向和未来工作的重点。这样做能够保持大家在不确定时期的工作动力和工作效率。交流需要增加，而不是减少。大家在增加交流的同时，希望被重视，也希望能够理解正在发生什么事。因此，把员工聚在一起，讨论正在发生的事以及他们的感受，这对于驾驭变革浪潮至关重要。否则，大家会感到迷失，不知道该走哪条路。

遵循处理问题的四项透明化原则：

1.尝试回答问题。

2.如果你不知道答案，告诉大家这一点。

3.如果你现在不能回答这个问题，那就承诺你什么时候可以回答，并信守承诺。

4.如果你知道答案，但还不能立即说出来，那就告诉大家还不能说，并承诺在可以说的时候分享信息。

你要认识到自己与他人处于变革的不同阶段，作为领导者，你有时会比团队领先一步、两步或三步。要展示同情心，设身处地为他人着想会让你认清他们的处境。

为取得特定结果而沟通时，双向沟通有两个方面需要特别注意。

第一个是框架，你如何构建整个信息，尤其是初次传达这个信息时。信息构建在很大程度上取决于你如何沟通，使用的词汇，讲述的故事，帮助大家看到所说内容重要性的方式。这是一种能够让大家听从于你的信息传达方式。你如何建立一个能从相关人员那里得到即时反馈的回路？

第二个是工作进展和工作结果的交流结构和决心，以保持员工的积极性并让他们看到进展，这通常包括频率、方法、通道和反馈回路。

为了填补沟通空白，防止大家胡乱猜疑，你必须充分沟通。不要害怕说出显而易见的事。对你而言是显而易见的事，对其他人来说可能未必。不要假设别人已经知道了。他们如何能知道呢？大家总是需要上下文的。

> 安娜知道她需要建立一个交流地图，并考虑清楚她应该在每个关键点上与谁交流。安娜选择了更具策略性的沟通，为变革准备了沟通策略和沟通计划。她很清楚沟通应该尽早进行，因为很多利益相关者参与其中，所以她不可能随意地沟通。

安娜确定了有利于各个利益相关者群体的关键信息。

她的团队：

◆ 我们会一起面对变革，一起制订计划，你们会参与进来，我会带领你们完成变革。

◆ 我会不断解释，并与更大的图景联系起来。

◆ 我会支持你们，并希望为你们的工作增加价值。

她的老板：

◆ 我会随时通知您：这是我们的现状，这是我们取得的进展，这是我们接下来的工作任务。

◆ 我在这些事上需要您的支持。

- ◆ 我的团队需要您的支持。
- ◆ 这是我可以为您提供支持的地方。

IT部门：

- ◆ 我们将这样向你们反馈用户体验。
- ◆ 在变革中，你们可以采取这些措施来支持我们。
- ◆ 这是我们在这次变革中支持你们的方式。

你希望你的利益相关者了解什么信息？请填写下面的空白框。

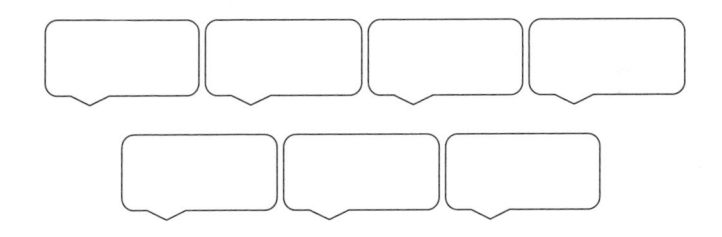

路线图第10步：挑战路线图

挑战你的影响力路线图草案：你如何以不同的方式重新考虑路线图？

让我们再次质疑一切。如果有一种不同的方式来实现推动变革的结果呢？回顾一下，目前为止你反思过的内容，问问你自己：我怎么能以不同的方式思考这一切？有没有一种完全不同的方法能让大家高效地推动变革呢？

先把路线图放一天,然后再审核	问一个朋友
与同事交谈	与你的团队交流

从一个新的角度来看待路线图,把自己想象成另一个人,下面举几个例子(想象一下他们的样子和声音),他会怎么做?
你们的首相或总统
你的父母
纳尔逊·曼德拉
你的大学领导和老师
或其他人

到目前为止,你还有其他想法要添加到计划中吗?

当我挑战目前的想法时,结果是这样的:

路线图第11步:衡量成功与否

你如何衡量推动变革的成果?你如何知道你们是否已经实现了预期的改变和进步?你会如何确保自己在实现目标的道路上坚持到底?你会如何庆祝成功?

> 安娜每两周与团队进行一次回顾。在回顾会议上,他们会具体讨论进展如何,并彼此询问"我们需要为每个人和团队庆祝什么",这会确保大家在变革的过程中及时庆祝,而不是把庆祝留到变革实施的最后一刻。

安娜知道团队会完成变革,他们会就"我们如何知道什么时候成功了"达成共识。一次罕见的线下团队会议,其本身就是奖励!

庆祝成功一直很重要,尤其在动荡时期,这是鼓励和成就感真正发挥作用的时候。

庆祝里程碑,鼓励持续的努力,为你的团队感到自豪,并把自豪感展示出来。

你会如何确保自己坚持到底?你会如何衡量和庆祝成功?

我会这样跟进：

这是我衡量成功的标准：

这是我庆祝成功的方式：

对文化的影响

变革性的、持久的变化发生在行为层面。变革和应对变革正在世界各地的每一个组织中发生，无论规模如何。你已经有了一种文化，即一种应对变革的方式。不管你是否注意到，文化一直存在。

如果你想创造一种变革的文化，那么你需要想清楚作为领导者该如何应对变革，以及变革将如何影响你的团队和同事，并通过他们影响整个组织。变革会在所有工作场所发生，但并不都能应对得当。当你能够帮助大家接受变革并参与其中时，变革就转化成了组织运作的自然组成部分。

现在你已经了解了如何实现推动变革的影响力，你也可以通过填写本书后面的影响力路线图工作表或从 www.2020visionleader.com/ImpactRoadmap 下载来转移你的笔记并创建完整的计划。

自我评估

现在你已经创建了影响力路线图，完成以下自我评估来回顾你取得的进展。

你如何评价自己在这些领域推动变革的能力？

	1 非常糟糕	2 糟糕	3 一般	4 不错	5 非常不错
协助大家接受变革					
让大家帮助推动变革					
允许大家一起工作来创造变革					

智力是适应变化的能力。

——斯蒂芬·霍金

第10节

创新影响力

> **领导力事实**
>
> 你知道吗?
>
> 得到高度认可的员工,与那些不被认可的员工相比,积极创新的可能性高出33%,每月产生的创意高出一倍。[32]

自我评估

在阅读本节之前,快速完成以下自我评估。

你如何评价自己在这些领域推动创新的能力?

	1 非常糟糕	2 糟糕	3 一般	4 不错	5 非常不错
释放他人的创新潜能					
推动持续创新					
让大家对创新挑战感到兴奋					

创新案例

要么创新,要么死亡!

你可能听杰克·马森和彼得·德鲁克等人这么说过。

他们是对的,我们对未来的挑战一无所知。商业领域和整个社会的变化速度越来越快,让我们意识到需要加强创新,以找到应对未来挑战的解决方案。

是的,创新是关键,你可以为实现创新尽一份力。你可以拥有创新影响力。

领导者为组织设定期望、底线和规范,为创造一个面向未来的创新环境,领导者大有可为。

许多组织在他们的价值观、愿景和使命宣言中将"创新"作为一个时髦词包含其中,但真创新和伪创新的区别是什么呢?是行为,支持意图和行动的行为。

这一节促使你去思考和计划怎样让创新成为你自己、你的团队、你的组织的一种习惯。你怎样才能让创新变得有趣,令人向往,不仅能持续挑战现状，还能创造一些全新而不同的东西。你如何激发其他员工的创新潜力，使组织能够与时俱进，甚至走在趋势前沿。

要么颠覆，要么被颠覆！

这正日益成为常态。你可以成为那种积极的颠覆者，并释放出那样的思考和状态。你可以协助塑造一种好奇的、突破边界的、创新的文化。正如前文所述，影响力很大程度上取决于你如何通过榜样行为来引导大家参与，在本节的背景下，影响力就是创新。

成为"颠覆性的领导者"！

大家通常认为颠覆是负面的，它的确可能是负面的，比如某人在会议中的行为可能是无益而具有破坏性的，但这不是我们想讨论的那种颠覆。不，就我们的经历而言，颠覆可以是非常积极的。

"颠覆"就是做一些从根本上改变现状的事情，以我们今天在社会上所经历的变革速度，组织要么颠覆市场里的新老参与者，要么被他们颠覆。未来需要的领导力是这样的：能够在变革的波涛中航行、领导和协作的领导者。

麦肯锡在2018年发布的一份研究报告[33]中描述了组织中正在发生的重大范式转变，即组织作为机器的旧范式正受到不断变化的环境和颠覆性技术等趋势的挑战。

新的范例，新的现实，是组织作为一个活的有机体需要适应、改变和响应快节奏的变化——一个灵活、敏捷的实体。适应这种新的现实并变得灵活和敏捷是一项巨大的挑战，尤其对很多大型组织来说。

这虽然具有挑战性，但却可行，这就是"领导者即颠覆者"这一概念的由来。

我们与世界各地的众多组织合作，支持他们在不断变化的世界中前行，并对未来领导力的最新研究进行了反思。我们定义了领导者在数字时代成为颠覆者所需要采取的5个敏捷步骤。

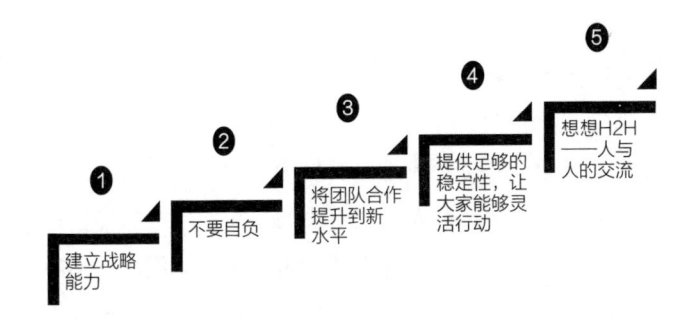

①建立战略能力　②不要自负　③将团队合作提升到新水平　④提供足够的稳定性，让大家能够灵活行动　⑤想想H2H——人与人的交流

颠覆性领导者的5个敏捷步骤

1.建立战略能力

你是战略性的吗？你有足够的战略眼光吗？

我们遇到过许多领导者，除非级别相当高，否则都只专注于日常的战术性工作。这不是问题，但每个人不论角色如何都需要平衡——在工作中融入战略。如果你想成为积极的颠覆者，关注和发展战略能力就非常关键。战略能力可以分解为几项可以培养的技能。

我们发现以下5种战略思维技能对建立战略能力非常重要：

系统思考

保持对周围世界的好奇，以了解你所在的系统——观察、倾听和探索它。当涉及系统思考时，通常有两个主要的系统需要考虑——组织内部系统和外部系统。外部系统是组织外部一切与之接触的部分：市场、竞争对手、社会、政治和金融环境等。你对自己的系统了解得越多，就越有可能发现或创造相关的创新机会，也越能了解组织已经产生和可能产生的影响。

专注于目标与愿景

始终铭记目标，坚持不懈地以目标为导向，专注组织的愿景和存在的目的。这种激情会对他人产生很大的影响，也会激发他们对愿景和目标的热情。向他人展示每件事的发生都有其原因——不断解释和展示行动间的联系：为什么要做这些事，会导致什么结果。有目标地做事很吸引人，这是一个让每个人都知道他们产生了影响的机会。

长远思考

规划未来，设定长期目标（以及短期目标）。关注对长期成功至关重要的人际关系，比如与客户、供应商、潜在客户和同事的关系。通过表现出尊重和协作的态度，你可以逐渐建立一种尊重和合作的关系，这不仅是正确的事，而且也会让你与他们的未来合作更加顺畅。

对整体负责

提醒自己从大局出发，退一步，看向自己今天的责任之外。你需要认识到成功需要责任共担。寻找任务和人之间的联系，比如谁依赖谁，在哪里交接等。仔细思考决策和行动对未来的影响。记住，这些很难独自完成，你需要找到能够与你并肩解决这些问题的人。评估战略、计划、行动和行为的影响，避免草率地采取行动。

提出战略性问题

为对话提供战略重点。为了促使他人采取战略性角度并建立战略能力，提出一些战略性问题，比如：我们想要实现什么目标？我们做这些事情的目的是什么？这会使我们与其他竞争者有什么不同？我们的现状是什么？我们实现目标的途径是什么？这些行动对现在和将来会产生什么影响？

2.不要自负

人人都有自我，自我有时会激励我们前进，让我们保持专注和进步，有时也可能对成功不利。如果我们害怕"丢脸"或表现得好像我们没有所有的答案，自我会让我们对创新的新想法视而不见。自我会让我们固守"古老的真理"，因而不愿倾听他人的意见，不愿向他人敞开心扉，也不愿尝试新事物。

这就是我们说不要自负的意思，为此可以做以下尝试：

共享领导力

领导人从顶层办公室里发号施令的日子一去不复返了。未来的领导力是包容和共享的，那些高效而具有颠覆性的领导者意识到，他们需要与他人分享领导权力，根据知识、技能、经验和其他独特而有价值的贡献，让不同的人在不同的时间挺身而出并给出建议、指导和领导。

要真实透明

没有人是完美的，这正是现实的样子。你应该敢于做一个真正的领导者，对你的学习过程保持透明，认识到真正的进步需要的是不完美的结果，而不完美的结果会带来创新和更好的结果。那些敢于放下戒心、分享自己，有时也会像其他人一样挣扎（和学习）的领导者，能够更有效地与他人沟通。真实的故事能创造超乎智力联系的情感联系。找到你独特的故事，为他人带来洞察力、希望和灵感。敢于脱下你的企业外衣，让大家了解真正的你，而不只是光鲜的外表。

大胆地参与协作

未来的挑战和机遇最好通过协作来解决，这样不同的参与者可以一同贡献自己的独特优势。对话会启发更多的对话，创意会孕育更多的创意，创意和洞察力的交叉交流可以驱动创新解决方案。做积极的颠覆者就是要意识到，新的、创造性的、协作的联系总是可以被创造出来的。挑战你的思维，考虑新的合作伙伴来面对既定的挑战和机遇。为什么不与最直言不讳、最关键的利益相关者、地方政府甚至竞争对手合作呢？想想看，你可以和谁合作来寻找应对新挑战的答案呢？

敢于抓住机遇

一旦你理解了所处的"系统",就更容易发现周围的相关机会并采取相应的行动。我们被机会包围着。抓住了这样的机会,却不一定有结果,有时是令人却步的。但如果我们不这样做,肯定得不到任何回报。想一想你如何才能成为一个谨慎而理智的风险承担者,不因害怕自尊受伤而放弃可行的机会。这绝不意味着什么都做,而是有信心去尝试。

敢于说出来

也许你得到了一个绝妙的答案,或者有了一个绝佳的学习机会。组织乃至整个社会都需要直言不讳的人说出自己的想法,而不是在有想法、建议和不同意见时保持沉默。畅所欲言需要动力、兴趣和激情,而这些正是创新的土壤。在你自己身上找到这些品质,并成为一个受尊重的、乐于协作的、代表未来进步的声音。

尝试、学习和调整

拥有尝试新事物的勇气,而不是紧紧抓住旧方法不放。敢于去尝试。通过尝试和评估新事物,学习才可能发生,这反过来又会触发调整和进步。想想看,你怎样才能创造一个允许快速学习的环境呢?你需要和谁合作才能创造这样的环境呢?也许为了应对当前面临的一个挑战,你可以把上面列出的5个方面结合起来。

3.将团队协作提升到新水平

团队协作是我们人类从诞生伊始就开始做的事,更准确地说,我们的生存依赖于协作。

在快速变化的全球化世界里,我们比以往任何时候都更需要彼此。在工作中,这意味着团队协作越来越需要被视为创新、持续性业务转型和长期可持续结果的主要驱动力。

作为积极的颠覆者,你必须专注于这个重要的驱动力。我们在第8节深入谈论了对协作的影响力,在这里再做一些额外的补充:

◆ 推广一种全新的团队思维方式,为角色流动做好准备。敏捷性包括在必要的时候作为一个团队能够快速聚到一起并采取行动。

◆ 授权你的团队,让他们能够做出决策并采取行动。

◆ 拥抱团队的多样性和学习能力,允许多元化的想法和新的思考方式(不要成为回音室)。

4.提供足够的稳定性,让大家能够灵活行动

面对不断变化的世界,大家常常会犹豫和不知所措,不知道该怎么做,该做什么,该期待什么。这是完全正常的,但也会影响工作的进展,所以你越能提供稳定性和确定性,让大家有信心对需要做的事采取行动,结果就越好。

以下是实现这一目标需要考虑的3个关键问题:

让变革成为生活自然且向往的一部分

从变革管理转向变革领导力——更主动地让相关变革发生，而不只是对发生的变革被动响应。

告诉你的团队，为了在这个瞬息万变的世界中生存和发展，持续的变革是多么重要。要非常清楚地表明，持续的变革已成为新的现状。既然如此，我们不如完全接受变革，让它为我们所用。

让你的团队参与到对话中来，讨论变革可能带来的益处，一起追索答案，并采取切实的行动取得成功。

奖励和认可那些拥抱变革、敢于尝试、不断学习和进步的人。

创建能够支持团队协作和灵活性的结构和流程

如果你的团队想在不断变化的竞争环境中游刃有余，他们需要清晰地思考如何做到这一点，这并不要求他们有所有问题的具体答案。但他们确实需要清晰明确的工作流程，这些流程能够展示如何探索现实、分析数据、做出决定并采取行动，而不必等待过多的指令及批准。

即使事情在发生变化，工作指令也要清晰明确。能做到的领导者和组织会更加成功。记住，也要将评估和学习融入你的流程中，这样你就能从结果中快速学习、调整、创新并成功地进行到下一步。

使用技术，让交流和协作变得简单直接

查看你和你的团队可用的数字解决方案。你已经有了需要的解决方案吗？你会以最有效的方式使用它吗？

现在有很多数字工具：电子邮件、协作平台、内联网等。

有时，拥有大量的选择会导致低效，尤其是当大家使用很多工具并把时间浪费在寻找来自某人的信息上的时候。不要迷失在过多的可用工具中。学会战略性地使用数字工具，什么工具用于什么目的？在哪里共享文档？你们在哪里讨论问题？你们在哪里分享最佳实践等？谨慎地选择工具及其用途，这会节省大量的时间，避免不必要的沮丧，还可以迅速增强协作。

你越能提供清晰度、结构和稳定性，让团队更容易发现机会并更快更灵活地行动，你和你的团队/组织的协作就会越顺畅。

5.想想H2H——人与人的交流

在日益数字化的世界里，我们对人际互动的需求可能比以往任何时候都更重要，这就是联结、激情、创新和颠覆发生的地方——在人们之间，挖掘我们人性和感性的一面。关注人与人的关系，意味着关注人的行为及其对他人的影响。所以，记住要跟人亲近。关心你周围的人，不仅仅是从同事的角度，更是从人的角度。看到他们，听到他们，重视他们，让他们感觉到自己的重要性。帮助他们，看到他们是如何产生影响的。

从自己身上寻找灵感来激励他人，并通过自己的真心投入来吸引他人。简单地说，就是关注人的方面，做一个人，而不仅仅关注"人的行为"。

我们来思考并制订一个实现创新影响的路线图，这些步骤包括实现结果的工具和技巧。

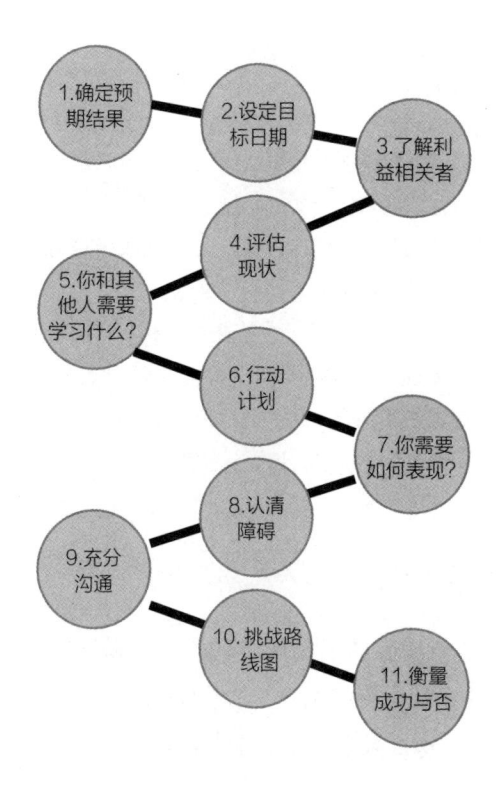

第3章　对不同预期结果的影响力 | 227

```
1.确定预期结果 ── 2.设定目标日期
                      │
                      3.了解利益相关者
                      │
5.你和其他人需要学习什么? ── 4.评估现状
                      │
                      6.行动计划
                      │
                      7.你需要如何表现?
                      │
9.充分沟通 ── 8.认清障碍
                      │
                      10.挑战路线图
                      │
                      11.衡量成功与否
```

创新影响力路线图

路线图第1步：确定预期结果

那么，你想达到什么目标呢？你希望更有效地创新的目的是什么？你是否面临着特定的创新挑战？你对此越清楚，你和相关人员的参与度就越高，从而帮助你做出选择，推动你朝着目标前进。

那么，结果会是怎样的呢？让我们举个例子，并在整个章节中继续使用这个例子。

> 市场上出现了许多创新型的保险公司。以创造性思维著称的索菲亚被邀请加入一个新的全球战略创新中心。这个中心的任务是创新性地思考如何能为客户提供他们还没意识到自己在寻找的互动、产品和服务。他们"要么创新,要么死亡"。索菲亚与创新中心共同承担起让全球员工参与创新对话的责任,这个对话需要在6个月内启动。他们需要尽可能多的创造力来启发他们的想法和观察(从他们独特的工作角度和客户相关角度)。公司最终想要创造一种更具创新性的文化。

任何结果都应该有助于实现组织的愿景和目标,你设定的预期结果应该与每个人的角色相关联。推动变革必须有一个令人信服的理由,而不仅仅是"这么做是一件正确的事情"。

这个案例的结果可以描述为:启动一种新的内部创新工作方式,让大家参与到持续的创新对话中来。长期来看,他们也在寻找创新解决方案,但第一个里程碑是为建立创新文化奠定基础。

在下面填写你的创新结果:为什么你想要释放大家的创新潜力来推动创新?

创新结果是：

路线图第2步：设定目标日期

你打算什么时候实现这个目标？如果没有明显的目标日期，你是否需要创建一个？截止日期能让你的精力更集中，也会让你的内心时钟嘀嗒作响。缺乏明确的终点，事情就会随波逐流，拖延就会发生，能衡量的事就能完成。

在本节的故事中，创新中心的任务是在6个月内建立起让员工参与创新对话的新方式。

你的目标日期是什么时候？填在下面的方框中。

目标日期是：

路线图第3步：了解利益相关者

这涉及了谁？影响了谁？谁是你的利益相关者？你对他们了解多少？你还需要了解他们的哪些方面？

> 索菲亚对涉及的关键人员进行了反思，认识到他们的利益相关者是全体员工，同时也包括高级领导团队和所有其他级别的领导。到目前为止，员工还没有被要求提供太多的创新性建议，一般只是临时被问到，所以他们可能还没准备好参与到创新中来。但从另一方面来说，员工意识到他们对创新负有共同责任是至关重要的。高级领导者需要发起和支持这样的倡议。运营领导者除了需要时常参与对话之外，还需要协助员工参与对话，使员工更容易参与到对话中来。

创新涉及每个人。从组织的角度来看，大家希望创造一种创新型新文化，因此索菲亚认识到，她的利益相关者包括所有员工和所有级别的领导。她需要仔细考虑如何接近她锁定的3个主要群体：员工、领导和高级领导（倡议人）。

由于索菲亚的利益相关者既有员工又有领导者,她决定找出创新(在发生之后)是如何起作用的,以及是什么让大家想要参与其中?

索菲亚需要确保他们得到了高层领导的真心支持,因为表达支持不一定代表真心支持。

索菲亚也意识到,运营领导可能担心这项倡议会耗费很多时间,所以索菲亚需要与他们沟通,试探他们的想法,了解他们的担忧,这样才能解决问题。

你必须停下来,要从更大的角度思考问题,要有战略眼光,要分别考虑每个利益相关者以及他们如何相互影响。

请在下面完成你的利益相关者分析。

我的利益相关者是:

这是我对他们及其需求的了解:

有关利益相关者规划的详细信息,请参见第4节。

路线图第4步:评估现状

你需要对员工的创新潜力有现实的认识,注意现状和预期结果之间的差距。这个差距有多大？你确实需要知道差距的大小，这样才能对缩小差距需要付出的代价做出现实的评估。接受当前的现实，不要以好坏对错来评判它。

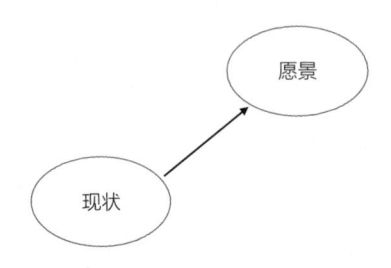

```
           愿景
           ↗
       ↗
   现状
```

当现状与预期结果之间存在差距时，那个空间里就会产生一种自然的张力，这种张力就像当前和未来之间的一条被拉紧的橡皮筋。除非你期望的结果强大到能够把你拉出当前现实，否则你会弹回到当前现实。因此，请确保你追求的结果是非常明确的，并与相关人员分享。

> 因为创新并不是每个人以前都想要的东西，所以索菲亚认为他们离预期结果还差得很远。这并不是说员工们不想创新，而是他们以前没有被特别要求去创新，因此可能缺乏创新的信心。而且目前还缺乏一个推动创新对话的机制，一些结构性问题，比如缺乏有效的对话工具，也可能使这个任务变得困难。当前现状与愿景/结果之间存在较大的差距。显然，创新并不是当前文化的一部分。

索菲亚对巨大的差距并不惊讶,但她意识到他们正面临一个相当大的挑战,即要在短短的6个月内填补第一个差距。实现预期结果需要真心的奉献和仔细的规划与协调。索菲亚需要保持冷静和专注。

索菲亚将现状描述为:缺乏创新流程和对话工具,员工缺乏个人经验、心理准备和信心,我们缺乏创新的文化。

你们的现状是什么样的(与你的结果相比)?在下面写下来。

我们的现状是这样的:

你会如何处理现状与预期结果之间产生的自然张力和差距?坚持你的想法,我们将在步骤6中制订行动计划。

路线图第5步:你和其他人需要学习什么?

你需要学习什么才能做到这一点?
你的利益相关者需要学习什么?
影响力和创新都是可以学习的技能。如果你想要有更强大的创新影响力,考虑一下你能从创新过程中学到什么,使你不仅能发展自己的技能,还能把创新的需要传达给别人。

> 索菲亚和她的同事们对现状进行了反思,即创新还不是他们公司的一种组织习惯。因此,索菲亚合理地假设,员工对创新过程和创新技能的理解水平较低。她也知道虽然自己喜欢创造性地思考,但这更多是一种天生的能力,而不是经过磨炼的技能,所以她知道自己也需要加深对这个领域的了解。索菲亚以前没有接受过这样的任务,需要有意识地影响大量的员工,而这本身就是她想克服的挑战。

索菲亚决定学习更多关于创新的知识:创新的技能、工具、模型和流程。此外,她必须重新审视如何与庞大的利益相关者群体融洽地合作,以最有效、最具影响力的方式沟通。

接下来,她会寻找或设计一个创新学习干预计划,用于发展创造性思维并将其应用于众多利益相关者。

你和你的利益相关者需要学习什么?在方框中写下你的观察结果。

这是我需要学习的:

这是我的利益相关者需要学习的:

路线图第6步：行动计划

需要做什么？

谁来做这件事？

什么时候完成？

大家认为"知识就是力量"的时代已经一去不复返了，变化的速度意味着无益的竞争思维不再可取，也不再明智。开放和更加透明的时代已经来临。

所有想要提高创新水平和加速变革进程的组织都需要主动促使员工有效地交流，慷慨地分享他们的知识、专长、见解、经验和想法。

我们来看看你能够如何释放大家的创新潜能，从而让创新成为一种习惯。

树立创新的信心

"我没有创造力。"我们经常听到大家这么说，但我们知道这不是真的。每个人都有创新能力，能够为创新对话做出贡献，也因此能够推动创新。你要协助大家相信他们有创造力，鼓励和推动大家去尝试，并给予他们有价值的建议。当大家参与进来的时候赞扬他们，告诉他们是如何产生影响的，他们是如何对结果产生影响的，展示这些衔接，让参与感变成大家习以为常的事。

运用PODS™（动态共享的力量）

把你所在的组织当成脑力发电站！定期邀请大家聚在一起，分享他们对某一主题的知识。变化的速度越来越快，这意味着大家没有他们需要的所有信息。事实上，他们也不可能获得所有的信息，让团队尽可能多元化以汲取广泛的观点。确保你有明确的预期结果。我们为什么要分享这些？大家必须明白背后有一个相关且重要的目的。这个过程需要有人来管理，确保每个人都有机会发表自己的观点。做好准备并欢迎相互矛盾的观点，然后谨慎地管理过程，确保核心观点被提出和记录。对于未来如何使用共享信息必须有一个定论，然后交流成果并确定接下来的步骤。

运行内部和/或外部"黑客马拉松"

从"黑客马拉松"中汲取灵感——程序员在短时间内聚在一起，为了"破解"做某事的旧方法而集中工作。让员工（甚至客户）在一起待上一两天，创造一个新产品或新服务。"黑客马拉松"所要求的时间限制是为了集中思考并实现想法。

利用冲突来推动创新

不要害怕冲突。欢迎冲突潜藏的创新能力，谨慎而恭敬地利用冲突。讨论不同的想法和观点会如何创造更好的结果，以鼓励团队成员公开和诚实地分享他们的想法。如果你的团队在分享他们的知识、直觉和观点时犹豫不决，那么团队可能只是暂时处于表面风平浪静的状态，但这迟早会导致更大的分歧并引起情绪的爆发，甚至会有成员决定离开团队。虽然管理团队冲突是每个成员的责任，但领导者需要带头营造开放交流的氛围，鼓励成员一起交流、分享、讨论和决策。这样会创建一个非常强大的团队，经历过冲突并成功解决了冲突的团队成员会一起成长，因此，团队的努力和成果也会成倍增加。

发现问题或机会，并开始创新

鼓励员工积极寻找问题：无效的流程、不必要的程序、交接故障，以及尚未开发的机会，包括新的行业实践、新的目标群体、客户的利益。当员工开始聚在一起寻找创新的机会时，一个新的创新习惯就慢慢建立了。

> 索菲亚渴望制订出一个详细的行动计划，这样，她就能找到正确的关注点，把注意力集中在那些能产生最大影响的活动上。她打算制订一个循序渐进的计划，列出每周和每月要做的事，并与各种利益相关者群体联系起来。索菲亚很清楚这不是她应该独自完成的工作。她不仅需要来自创新中心的同事们的建议，也需要一些关键的利益相关者——员工、团队负责人和高层领导的意见。他们的意见会使整个计划更容易被接受。

几乎没有人喜欢别人对自己指手画脚。正如丹尼尔·平克在《驱动力》（Drive）一书中指出的那样，自主性是内在动机的关键驱动力之一。当我们对工作方式拥有发言权时，我们更有可能把工作完成。为什么不呢？我们创造了自己的工作方式！

索菲亚决定制订一个创新学习干预计划以及结构化的创新过程，即如何、何时、在何地邀请大家参与。创新过程将包括动态共享和"黑客马拉松"。此外，在领导的支持下，她会努力在组织内树立起对创新的信心。

完成你的行动计划。

需要做什么？	怎么做？	谁来做这件事？	什么时候完成？	这对创新有什么影响？

路线图第7步：你需要如何表现？

你需要如何表现？这些行为如何能够带给他人正面的感受，从而使他们想要为组织的创新做出更多贡献？

这里有几个因素需要考虑。

一切从你开始。你在树立什么样的榜样作用？你在创新对话中参与了多少？

行动计划中的解决方案需要实际行动才能达到最佳效果，行动本身会让你走得更远。有了正确的行为，你就能言出必行，推动创新的影响力也会更大。

让我们实际一些。以下是有助于塑造创新文化和创新环境的6种领导行为。

保持好奇心

放弃任何"必须正确"的想法，摆脱荣誉感，公开承认你并不知道一切。没人知道一切，不带偏见地倾听。展现出你对员工间的差异和多元观点的重视。伟大的创新领袖充满好奇心，思想开放，知道他们昨天知道的东西可能已经过时。伟大的领导者不会自满，他们不断向外看、向内看，看世界正在发生什么，社会需要什么，客户需要什么，存在什么机会，需要解决什么问题，如何长期茁壮成长。

包容和慷慨

没有人知道所有的答案。通过与他人分享你的领导权，通过让他人参与讨论和决策，大量想法和灵感会彼此交织，创造出孕育创新成果的新想法和解决方案。伟大的创新领导者会不断邀请他们的员工和其他利益相关者进行开放的探索性对话，这些对话挑战了现状。

坚持以客户为中心

永远把客户和他们的需求放在首位，从客户的角度看问题：他们需要什么？他们想要什么？考虑你的所作所为对客户的影响，表现出真正的兴趣，言出必行。

长远思考

商业远远超出"此时此地"的范畴，却很容易陷入当下的紧急状态。尽管这是必要的，前瞻性的领导者能够通过设定目标和创建计划来实现长期和短期的平衡。他们会在未来的战略性空间上投入大量时间。伟大的创新领袖不断在投入研发、制订预算时着眼长远，投资于未来和可持续的商业成果。

勇气和韧性

伴随着变化和进步，错误也随之而来，不是每一次尝试都会成功。一些最伟大的创新成果来自敢于尝试并从错误中学习的精神。看看托马斯·爱迪生那个著名的"错误"吧，他曾无数次尝试发明灯泡！想象一下如果他放弃了呢！但他没有。他有不断尝试新事物的勇气，有面对挫折不放弃的韧性。有"创新影响力"的领导者会鼓励和指导他人承担适当的风险，并从中学习。不奏效的想法会被放弃，但不会被视为失败，而是被视为更接近新事物的结果。他们的想法是："世界上没有失败，只有结果。"

指导创新

每个人都可以从定期指导中受益，尤其在快速变化的世界里。注意你的员工在做什么，并帮助他们细致地考察自己的工作内容和工作表现，这有助于员工根据创新和进步的需要不断学习和发展。指导型领导者会给员工提供具体的反馈，告诉他们哪些地方做得好，哪些地方本可以做得更好，所有这些都带有创造学习的积极意图。他们帮助他人获得成功，从而创造了一种学习文化并孕育了创新。

变革性的、持久的变化发生在行为层面

变革性的、持久的变化发生在行为层面，所以上述的6种行为是获得创新影响和成功的起点。领导者需要在自己和他人身上创造一种学习文化，为真正的创新创造条件。

索菲亚愈发意识到自己在创新方面的不足，但她不想让别人发现这个缺点。她知道必须控制自己的表现，以获取利益相关者的支持和认可。索菲亚决定首先增强对自己能力的信心，这样她就可以自然、真实地展示她对创新的承诺——她的学习计划将有助于实现这一点。她知道自己需要成为一个言行一致的创新榜样。

由于索菲亚经常与组织周围的利益相关者打交道,她特别关注以下行为:好奇、专注地倾听、勇于发言、乐于分享想法和尝试新事物(承认她没有所有的答案)、乐观以及总是寻找可能的解决方案。

那么,你会如何释放和推动创新呢?以上6种行为并不是一个完整的列表。如果你想要更多的想法,请参考其他章节有关影响力的行为。

我会采取这样的行为	我的行为会这样影响行动计划的各个步骤

路线图第8步:认清障碍

存在哪些障碍?或者有可能存在障碍吗?怎样克服这些障碍呢?

根据2018年对创新领袖的调查,大公司创新面临5大障碍。[34]括号里的百分比显示出270位领导者中有多少人认为这些是障碍。

◆ 政治、地盘之争、缺乏团结（55%）

◆ 文化问题（45%）

◆ 无法对关键信号或进展采取行动（42%）

◆ 缺乏预算（41%）

◆ 缺乏战略或愿景（36%）

BlessingWhite的一项研究进一步补充了这些发现，概述了内部创新的障碍。[35]

1. 缺乏创新动力。

2. 员工对需要什么样的创新毫无头绪。

3. 没有充分考虑其他选项（过早锁定一个选项）。

4. 创新的想法被认为与当前商业模式不一致。

5. 成熟的组织经常要求员工证明一个想法可行，然后才允许他们采取行动。

6. 各部门的独立工作模式阻碍了创新所需的跨部门协作。

7. 工作环境的挑战：缺乏人才、结构、文化规范和领导支持。

> 该组织各部门一般独立工作，只有在有迫切需求的时候才会互相交流，因此跨部门的创造性交流很少发生，而且由于时间有限，部门内部的创造性交流也很少。
>
> 公司内部很少就面临的竞争性挑战进行交流，这说明公司还不知道自己需要什么样的创新。

> 创新中心意识到独立工作是一个主要障碍，因为员工不知道需要什么样的创新，所以创新中心将与高层领导密切合作，反思独立工作模式、如何改变这种模式，以及如何进一步明确和沟通具体的创新需求。

对你自己、对团队、对组织来说，你认为哪些障碍是需要克服的？

我可以预见到的障碍：

我会这样克服这些障碍：

路线图第9步：充分沟通

你会交流什么？谁？何时？如何？向谁？
在交流中，你需要如何表现？
为取得特定结果而沟通时，双向沟通有两个方面需要特别注意。
第一个是框架，你如何构建整个信息，尤其是初次传达这个信息时。信息构建在很大程度上取决于你如何沟通，使用的词汇，讲述的故事，帮助大家看到所说内容重要性的方式。这是一种能够让大家听从于你的信息传达方式。你如何建立一个能从相关人员那里得到即时反馈的回路？
第二个是工作进展和工作结果的交流结构和决心，以保持员工的积极性并让他们看到进展，这通常包括频率、方法、通道和反馈回路。

> 这会是跨部门协作的一种新方式,因此需要与所有利益相关者定期沟通,引起他们对该计划的兴趣,并获得他们的支持。他们需要看到跨部门沟通的价值和切实成果。

索菲亚确定了有利于各个利益相关者群体的关键信息。

对员工:

◆ 你对公司的未来至关重要。

◆ 我们需要你的想法、专业洞察力和创造性思维!

◆ 这就是创新对我们所有人如此重要的原因。

对高层领导/倡议人:

◆ 您是我们在开拓新领域方面的创新榜样。

◆ 您可以打破现有体制中的创新障碍。

◆ 这是我们取得的进展。

其他领导:

◆ 你可以通过……来帮助你的员工进行创新。

◆ 我们会这样支持你……

◆ 这些是我们希望达到的结果……

◆ 这就是创新对我们如此重要的原因。

你希望你的利益相关者了解什么信息?请填写下面的空白框。

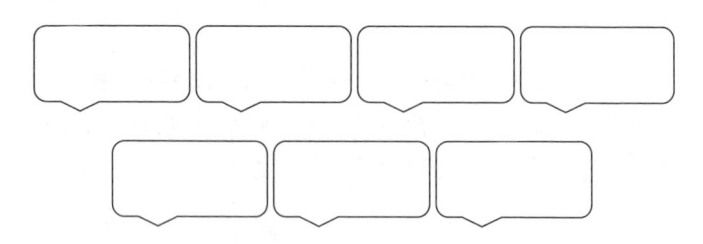

路线图第10步:挑战路线图

挑战你的影响力路线图草案——你如何以不同方式重新考虑路线图?

让我们再次质疑一切。如果用一种不同的方式来实现创新的结果呢?回顾一下,到目前为止你反思过的内容,问问你自己——我怎么能以不同的方式思考这一切?有没有一种完全不同的方法来释放大家的创新潜力,从而更有效地推动创新呢?

完成这个练习的过程本身就意味着你必须创新!

先把路线图放一天,然后再审核	问一个朋友
与同事交谈	与你的团队交流
从一个新的角度来看待路线图,把自己想象成另一个人,下面举几个例子(想象一下他们的样子和声音),他会怎么做? 博尔特 你的邻居 可可香奈儿 当选的政治家 或其他人	

到目前为止，你还有其他想法要添加到计划中吗？

当我挑战目前的想法时，结果是这样的：

路线图第11步：衡量成功与否

你如何衡量推动创新的成果？你如何知道自己是否已经实现了预期的创新投入和产出水平？你将如何确保自己在实现目标的道路上坚持到底？你将如何庆祝成功？

创新中心负责评估6个月的倡议期间以及创新对话开始运行后的进展情况。倡议人希望定期知悉进展和结果。

创新中心的索菲亚和她的同事将继续发挥他们的思想领导力,每月向全体员工通报进展和结果。

他们将根据前3个月(项目启动后)参与创新对话的员工数来衡量结果,他们的目标是希望有至少25%的人在这段时间参与了对话。

他们将颁发季度创新思维奖来庆祝成功。

你会如何确保自己坚持到底?你会如何衡量和庆祝成功?

我会这样跟进:

这是我衡量成功的标准:

这是我庆祝成功的方式:

> **对文化的影响**
>
> 一个组织围绕创造力的文化决定了其创新水平。组织的创新能力越强,就越有可能获得更高的利润。员工的创新自由度影响企业文化,允许员工冒险或尝试新事物会促进创新文化。如果员工因为犯了错误或事情没有按计划进行而受到指责,则会创造迥然不同的文化。领导者的日常行为塑造着创新文化。你的行为很重要。

现在你已经了解了如何实现创新影响力,你也可以通过填写本书后面的影响力路线图工作表或从www.2020visionleader.com/ImpactRoadmap下载来转移你的笔记并创建完整的计划。

自我评估

现在你已经创建了影响力路线图,完成以下自我评估来回顾你取得的进展。

你如何评价自己在这些领域推动创新的能力?

	1 非常糟糕	2 糟糕	3 一般	4 不错	5 非常不错
释放他人的创新潜能					
推动持续创新					
让大家对创新挑战感到兴奋					

预测未来的最好方法，就是去创造未来。

——德鲁克

第11节

对企业可持续发展的影响力

> **领导力事实**
>
> 你知道吗?
> 有目标的公司的表现比市场高出42%。[36]

自我评估

在阅读本节之前,快速完成以下自我评估。
你如何评价你推动企业可持续发展的能力?

	1 非常糟糕	2 糟糕	3 一般	4 不错	5 非常不错
提高企业内部的可持续发展意识					
让员工参与可持续发展的商业实践					
推动可持续业务成果					

企业可持续发展案例

企业可持续性的含义很广泛，让我们首先澄清一下我们的定义。

我们将其描述为随着时间的推移产生结果的能力，在获取短期结果之外，充分考虑决策、行动和行为的长期影响从而创造长期可持续的成功。我们认为任何组织都希望能够基业长青，希望在时间、金钱和努力上的投入能够获得回报。

我们都熟悉利润的概念。财务可行性需要考虑对利润的影响，比如，这个行动、产品、服务或投资是会增加利润还是减少利润。这对任何组织来说都非常重要，因为做那些无法以某种方式产生回报的事是不划算的。大家应该都会同意以上说法。不过，越来越多的人认为应该同时考虑三个因素，而不只是利润一个因素，这三个因素通常被称为三P底线模型[37]，其中，三P分别代表人（People）、地球

（Planet）和利润（Profit）。

那么，这意味着什么呢？意味着组织想要长期（持续地）取得成功，需要依据以下三个标准评估所有的决策、行动和习惯：

◆ 对人（如人力资源：员工、客户、供应商、其他利益相关者、组织所在的社区等）的影响是什么？

◆ 对地球（自然资源）有什么影响？

◆ 对利润（财务资源，即"常规"的底线）有什么影响？

简单来说，这可以总结为仔细考量并尊重成功企业赖以生存的所有资源，你需要一直考虑这三个因素。

三P底线模型

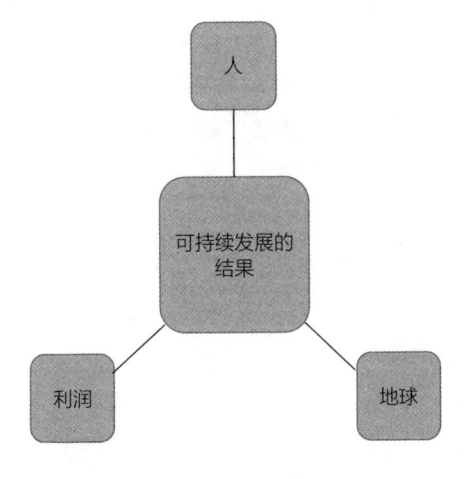

```
         ┌─────┐
         │  人  │
         └──┬──┘
            │
       ┌────┴────┐
       │可持续发展的│
       │   结果   │
       └──┬───┬──┘
          │   │
      ┌───┘   └───┐
    ┌─┴─┐       ┌─┴─┐
    │利润│       │地球│
    └───┘       └───┘
```

我们来举一个简单的例子说明这一点。

想象一下，一个组织正在考虑将部分服务外包给另一家（可能在另一个国家的）公司。

当评估这个决定对财务的影响时，他们可能会发现服务在其他地方的成本效率更高，因为当地的工资更低，所以对利润的影响将是积极的。

当评估对人员的影响时，他们发现对现有员工有明显的负面影响，对外包公司员工则有积极影响。如果新服务不能够整合公司及其产品和服务的整体经验，那么对客户也可能有负面影响。慢慢地，这可能会削弱客户体验和客户忠诚度，最终减少客户支出，从而对利润产生负面影响。

当评估对自然资源的影响时，他们发现外包公司办公室的能源效率低得多，即外包公司要使用更多能源，消耗更多自然资源（地球），并花费更多金钱（利润）。随着整个社会对能源可持续发展认识的提高，这个项目会让关键利益相关者（人）对公司产生负面看法，从而负面影响公司在潜在员工、客户和投资者眼中的吸引力。

在这个例子中，因为外包对三个底线的长期影响都是负面的，组织可能因此决定否决外包。

从这个简化的例子中可以看出，投资评估不是一个简单直接的过程，评估长期影响也并不容易，但仍有这样做的必要。大型投资一般在组织成立时进行，如果为了短期财务目标而冒着浪费整项投资的风险，是得不偿失的，也不是长期可行的财务方案。

这三个底线相互依存。过多关注其中一个，不论是哪个，都会对另一（两）个产生负面影响。

领导者需要带着这种思考的复杂性持续运作，始终考虑行动对业务各方面的影响。随着越来越多的公司在全球范围内行动（从世界各地购买产品、服务和基础设施），业务的复杂性在增加，评估其影响变得更具挑战性。

因此，系统思考，即理解和评估你所在的系统，是领导者需要具备的一项主要技能及能力。对这三个底线的思考是个好的开始。

是的，可持续发展在商业中成了一个流行词，但做得好的组织并不多。商业可持续发展要从大局出发，考虑业务的复杂性，并考虑决策、行动和行为的影响——不仅是短期的，还有中期的和长期的；要考虑企业成功所需的资金、人力和自然资源受到的影响。创造可持续的、长期的成功是所有企业都应该追求的目标。

可持续发展不只是一个部门，更是一种战略和态度

根据我们的经验，企业的可持续发展很难实现，除非成为组织核心（组织的文化和真正特征）的一部分。可持续发展需要成为组织的主张和运营模式（对组织所依赖的所有资源——三P）的一部分。

企业可持续性发展的概念适用于所有类型的组织，从小型独立企业到大型跨国公司。组织的规模越大，事情就变得越复杂，但长期专注于资源谨慎管理的原则仍然不变。

我们还看到，企业开始在制定全球可持续发展议程方面发挥更大作用，认识到自己对世界可持续发展负有责任。

2015年12月，近两百个缔约方达成了《巴黎协定》，这是对联合国"2030年可持续发展议程"及其17个可持续发展目标的承诺。[38]这些目标涵盖了环境、社会和经济因素。当组织想要为世界的可持续发展做出贡献并取得长期的商业成果时,这些目标常常被用作指导方针和目标。

可持续发展目标

我们来思考并制订一个实现企业可持续发展的路线图,这些步骤包括实现结果的工具和技巧。

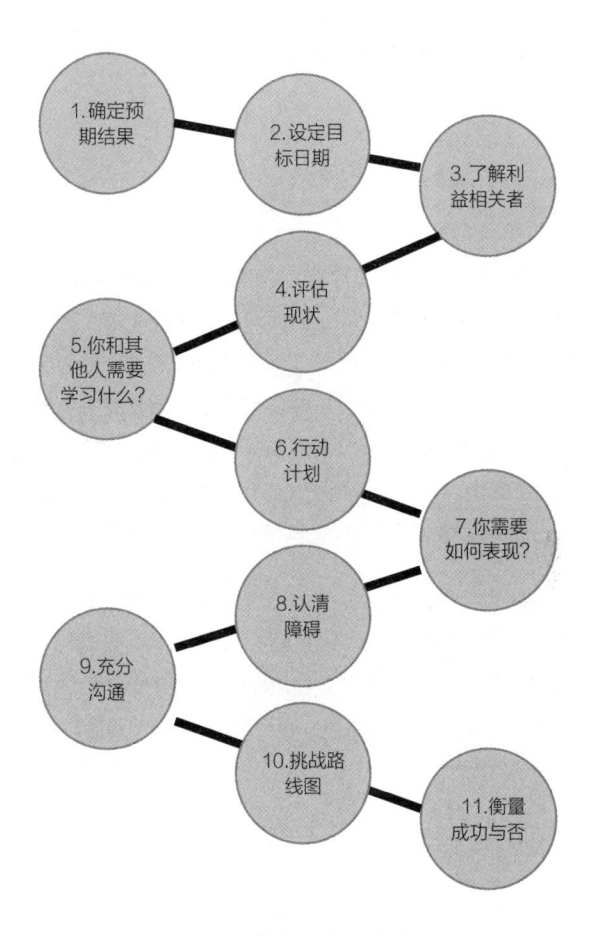

企业可持续发展路线图

路线图第1步：确定预期结果

那么，你想达到什么目标呢？你希望更有效地推动企业可持续发展的目的是什么？你对此越清楚，你和相关人员的参与度就越高，从而帮助你做出选择，推动你朝着目标前进。

那么，结果会是怎样的呢？让我们举个例子，并在整个章节中继续使用这个例子。

> 长期以来，包括赫尔穆特在内的管理团队一直以拥有可持续发展的组织形象而自豪。他们对能源消耗非常在意，而且已经尽可能地改用可再生能源了。他们也非常关注慈善事业，并引以为傲，无论在哪里设立办公室，公司都会支持当地的慈善机构。目前他们还在马拉维建立了一所学校，并在巴西植了树。尽管如此，最近的一项调查显示，可持续发展在很大程度上依赖于可持续发展团队和高层团队的几个关键倡议者。
>
> 高层团队已经意识到，他们的可持续发展努力不等于公司已经变成了期望中的可持续发展企业。赫尔穆特正在领导一项计划，公司希望提高内部对可持续发展的重要性的认识，这样可持续发展就可以嵌入业务运营中，而不只是对外宣传的辞令。

任何结果都应该有助于实现组织的愿景和目标。你设定的预期结果应该与每个人的角色相关联，推动企业可持续发展必须有一个令人信服的理由，而不仅仅是"这么做是一件正确的事情"。

企业选择可持续发展也许是为了生存，也许是想要塑造积极的外在形象来吸引投资者、合作伙伴和员工。不过，我们还是要提个建议，除非可持续发展能够成为员工笃信的核心信念，否则可持续发展的实践就会变成字面游戏，而不是真心实意的使命，你就有可能被视为"漂绿"，即表面上的可持续发展。漂绿本身就会对组织产生负面影响。

这个案例的结果可以描述为：实现真正的企业可持续发展（在组织中嵌入可持续的业务实践和行为），确保企业长期成功。

在下面填写你的企业可持续发展结果：为什么你想要实现更高水平的可持续发展？

企业可持续发展结果是：

路线图第2步：设定目标日期

你打算什么时候实现这个目标？如果没有明显的目标日期，你是否需要创建一个？截止日期能让你的精力更集中，也会让你的内心时钟嘀嗒作响。缺乏明确的终点，事情就会随波逐流，拖延就会发生，能衡量的事就能完成。

在本节的故事中，赫尔穆特和高层团队设定的目标日期为两年。

你的目标日期是什么时候？填在下面的方框中。

目标日期为：

路线图第3步：了解利益相关者

这涉及了谁？影响了谁？谁是你的利益相关者？你对他们了解多少？你还需要了解他们的哪些方面？

> 一想到这个计划涉及的众多利益相关者，赫尔穆特就有点气馁。这不仅是全体员工都参与的内部事务，还涉及供应链上所有业务合作伙伴，以及客户、公司运营的当地社团和公众。当赫尔穆特意识到多元化的利益相关者是整个可持续发展的隐喻时，对自己苦笑了一下。一切多么复杂。
>
> 公司员工没有参加过可持续发展相关的活动，此前公司也没有相关要求。
>
> 赫尔穆特知道外部供应链一直在拓展，并且一直由采购和可持续发展团队中的核心员工进行评审。

> 赫尔穆特知道，客户提出的问题越来越多，他们希望公司的商业行为能更加透明，并看到公司的可持续发展证书。这个问题最近也出现在了求职面试中，当求职者想在一家倡导可持续发展的公司工作时，也会问及相关的问题。

通过反思，赫尔穆特意识到他和高管团队的其他同事接触利益相关者的方式很重要，高管团队需要为企业可持续发展做出真正的榜样，而不只是谈论它。他需要立即与同事讨论此事。

赫尔穆特不确定员工对可持续发展了解多少，所以他需要弄清楚这一点。多年来，他参与了许多与员工相关的项目，很清楚要引起全体员工的兴趣并获得他们的支持，需要让他们尽早参与进来。对于供应链合作伙伴，赫尔穆特将与采购等部门联系，进一步了解这些利益相关者。关于其他外部利益相关者，客户和未来员工的期望已经变得越来越清晰，赫尔穆特将与人力资源、客户服务和市场部门讨论这一点。不过，前期重点会首先放在员工身上。

你必须停下来，要从更大的角度思考问题，要有战略眼光，要分别考虑每个利益相关者以及他们如何相互影响。

请在下面完成你的利益相关者分析。

> 我的利益相关者是：
>
> 这是我对他们及其需求的了解：

有关利益相关者规划的详细信息，请参见第4节。

路线图第4步：评估现状

你需要对企业可持续发展的现状有现实的认识，注意现状和预期结果之间的差距。这个差距有多大？你确实需要知道差距的大小，这样才能对缩小差距需要付出的代价做出现实的评估。接受当前的现实，不要以好坏对错来评判它。

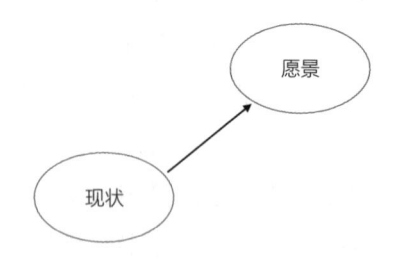

当现状与预期结果之间存在差距时，那个空间里就会产生一种自然的张力，这种张力就像当前和未来之间的一条被拉紧的橡皮筋。除非你期望的结果强大到能够把你拉出当前现实，否则你会弹回到当前现实。因此，请确保你追求的结果是非常明确的，并与相关人员分享。

> 赫尔穆特知道，企业可持续发展还没有嵌入到组织中。其实，这很大程度上被视为可持续发展团队的责任。最近与几位直属下级讨论过这个问题后，赫尔穆特痛苦地意识到可持续发展并不是他们关心的首要问题，员工目前仅有的可持续发展习惯是回收废品和节约用水。

赫尔穆特对现状和预期结果之间的差距并不惊讶，但他对自己没有早些意识到这一点感到失望。他承认，为了缩小差距，未来两年还有很多工作要做。

在他们的现状中，可持续发展被员工和领导视为可持续发展团队的责任。可持续发展并不是大家日常生活中关心的事，因此全公司范围内的可持续发展实践是不多见的。

你们的现状是什么样的（与你的结果相比）？在下面写下来。

我们的现状是这样的：

你会如何处理现状与预期结果之间产生的自然张力和差距？坚持你的想法，我们将在步骤6中制订行动计划。

路线图第5步：你和其他人需要学习什么？

你需要学习什么才能做到这一点？
你的利益相关者需要学习什么？

> 赫尔穆特对商业可持续发展这个主题非常感兴趣，并且已经研读了一段时间。他读得越多，就越能看到将其融入公司DNA的可能性。他学得越多，也就越明白需要学习的东西还有很多，除了向别人传授知识以外，还要培养自己的可持续发展习惯，这样他的使命就不会只停留在理论层面。
>
> 赫尔穆特估计员工对企业可持续发展的理解可能各不相同，但总的来说，学习需求很多。

赫尔穆特决定制订一个结构化的学习计划来快速推进自己的学习，他认为员工和领导者也需要一个类似的学习计划，其中领导者的重点将是如何领导可持续发展和可持续发展实践。

你和你的利益相关者需要学习什么？在方框中写下你的观察结果。

这是我需要学习的：

这是我的利益相关者需要学习的：

路线图第6步：行动计划

需要做什么？
谁来做这件事？
什么时候完成？

这一步可以帮助你思考，需要采取哪些具体的决策和行动来实现具体业务的可持续发展。因为这是一个不断发展的大课题，所以要努力寻找最新的研究报告、文章、书籍、可持续发展论坛和小组，它们会为你提供需要的具体信息和见解。在寻找材料时可以考虑《2030年议程》[39]及其17项可持续发展目标，并以此开启内部对话。

当你整理出步骤1—5中的想法时，这里有几个针对行动计划的建议，以便你付诸行动。

从一开始就让员工参与进来

可持续发展议程是一项重大的文化变革，因此需要每个人都参与其中，想想你可以在哪些线上或线下的论坛里把大家聚集在一起。考虑一下，你想从他们那里得到什么信息，然后提出几个引导对话的问题。以下仅举几例：

◆ 可持续发展对你来说意味着什么？

◆ 你对业务如何变得可持续有什么想法？

◆ 你看到了什么挑战？我们怎样才能克服这些挑战？

◆ 对你来说，这样做能带来的好结果有哪些呢？什么对你来说很重要？

增进员工对可持续发展的了解

可持续发展是一个大课题，所以只是与员工谈论它可能远远不够。寻找一些现有的发展项目、在线学习课程、书籍、播客等。无论你选择什么样的学习路径，要确保它是切实可行的，而且你可以在其中加入组织特有的元素，让员工讨论、探索和应用他们在现实生活中学到的知识。在寻找正确的教育方式时，请考虑以下几点：

◆ 谁以前成功地做过这件事，他们做了什么，他们是如何教育他人的？

◆ 哪种教育形式最适合我们？在线？自学？论坛？

◆ 我们怎样才能使学习长期持续下去？是用工作中常规的简短模块作为提醒吗？

◆ 我们能否在内部培养出可以培训和指导他人的专家？

◆ 为了能够引导可持续发展，领导者需要学习什么？

创造价值主张

专注企业可持续发展的好处是什么？你的利益相关者会想知道答案。花些时间制订以下问题的价值主张：可持续发展会带来什么影响，会给人、地球和利润带来什么价值。一个清晰的价值主张将是未来所有沟通的关键。

做决策时以此为基础，评估规划好的行动对人、地球和利润的短期影响和长期影响。

行动	短期影响 +/-			
	人		地球	利润
	员工	顾客		

行动	长期影响 +/-			
	人		地球	利润
	员工	顾客		

管理期望

确保取得进展的一个切实可行的方法是把短期、中期和长期的目标放在一起，把重点放在长期目标上，结果可能不会立刻显现，所以，季度结果不是评估可持续发展战略的有效方式。因此，需要向股东和其他利益相关者解释这一点，即总有一天可持续发展实践会产生回报，但他们不会在短期内看到结果。领导者不应该害怕扩大影响力，应该自信地谈论结果和战略选择。

务实并保持专注

企业可持续发展确实是一个很大的领域，一旦你开始放眼外部，思考所有你可以产生影响的方式，就很容易分心和不知所措。当大家不知所措时，往往会放弃。因此，应该专注于最接近组织整体目标的领域，专注于你能够发挥作用的领域。首先关注那些你可以控制的事，比如与员工交流，回顾工作流程，以及改变非可持续的内部习惯。

做总比不做好。

> 赫尔穆特是一个"实干家"。他仔细地思考了行动计划的可行性。他一直在研究其他公司在吸引利益相关者方面做了哪些工作，也在研究针对员工的学习项目。以前在董事会上讨论可持续发展问题时，大家对可持续发展的短期财务影响表示过担心。

采取具体行动，让大家确切知道会发生什么，什么时候发生，这样他们更容易决定是否参与其中。愿景和想法不仅应该令人振奋，还应该实用，不然很难获得大家的支持。

赫尔穆特决定从一开始就让员工参与进来，通过组织焦点小组参与对话来启动这个过程，将17个可持续发展目标作为讨论的起点。他还会继续推进议程，尽早确定合适的教育计划。赫尔穆特需要仔细考虑价值主张，以及如何用价值主张来平衡短期结果和长期结果，并管理利益相关者的期望。

完成你的行动计划。

需要做什么？	怎么做？	谁来做这件事？	什么时候完成？	这对可持续发展有什么影响？

路线图第7步：你需要如何表现？

你需要怎么表现？这些行为如何能够带给他人正面的感受，从而使他们想要参与可持续发展议程，并在日常工作中采用可持续的商业实践？

这里有几个因素需要考虑。

一切从你开始。你在树立什么样的榜样作用？你的习惯是否体现了真正的可持续发展精神？大家会看到你的哪些行为？这些行为反映了你对可持续发展的看法吗？

行动计划中的解决方案需要实际行动才能达到最佳效果，行动本身会让你走得更远。有了正确的行为，你就能言出必行，你的企业可持续发展影响就会更大。

如前所述，仅有良好的意愿是不够的，除非你的决策和行为方式能体现出可持续性，否则将被视为"漂绿"，这会削弱你的决心，并可能大幅推迟结果。

赋予希望

当交付面临时间压力时，大家常常会担心变化和失败的风险。因此，领导力的关键属性就是在这样的时刻给予大家希望。一种描绘未来的能力，一个更美好、更强大、更持久、更有前途的愿景。大家需要希望，需要相信在人生道路的尽头会有更美好的经历，这就是你——他们的领导——能够给予他们的。如果你期望大家能够真心致力于愿景和使命，你需要赋予他们希望和兴奋感。

希望从你的内心开始。如果你自己都没有经历过希望，那你几乎不可能把希望灌输给他人，你需要让自己处于对企业可持续发展结果

充满希望的状态。几个反思性的问题可以为这种状态打下基础:

◆ 这其中的机会是什么？它会如何使事情向更好的方向发展？

◆ 你希望看到哪些切实的变化？这些变化会如何改变未来？

◆ 面临的潜在挑战是什么？应该如何克服？

◆ 在你之前的工作中，哪些情况给你带来了意想不到（超出预期或计划之外）的好处？

问题和答案的用词很重要。比如，第一个要点是："它会如何使事情向更好的方向发展？""会"这个词假定事情会好起来，不是因为它们能或可能好起来，而是它们会好起来。通过使用这个特定的词，你在自己的脑海中植入了这样的假设：它肯定会更好。而且，只要这个假设不是荒谬的（不应该是荒谬的，否则你不会去探求该假设），你的大脑就会接受、相信并依照这个假设行动。

你要从自己开始，让希望照进现实，然后你就可以把希望带在身边，不再只是与周围的人空谈希望，而是身体力行地去体现希望。

这里有几个额外的可持续发展行为需要考虑。

◆ 言行一致，有良好的"说做比"（这也适用于你的个人生活）。

◆ 做真实的自己（绝不"漂绿"）。

◆ 对你所在的社会保持包容和开放的合作态度（因为企业、政府、非营利组织等部门是解决可持续发展挑战的最佳选择）。

◆ 保持专注，提醒大家企业可持续发展的原因和方式，以此展示你的承诺。

> 赫尔穆特在去开会的路上无意间听到两个人的对话，他们就站在俯瞰停车场的窗边。
>
> "哦，看那辆！"其中一个人喊道，"我原以为彼得完全是'绿色'的，他大谈特谈考虑可持续发展是多么重要，但你看他的车！"
>
> 另一个人点点头："我知道！那可是个耗油的家伙，不是吗？谁知道他在想什么！当然是辆好车，但他可不像自己一直说的那样关心化石燃料和可持续发展。"

赫尔穆特知道，在引导企业可持续发展方面保持言行一致是至关重要的。这对他来说不陌生，他希望自己无论如何都要做到，也越来越深刻地意识到，在当前的形势下这么做尤其重要。

那么，你打算采取什么行为来推动企业可持续发展呢？

我会采取这样的行为	我的行为会这样影响行动计划的各个步骤

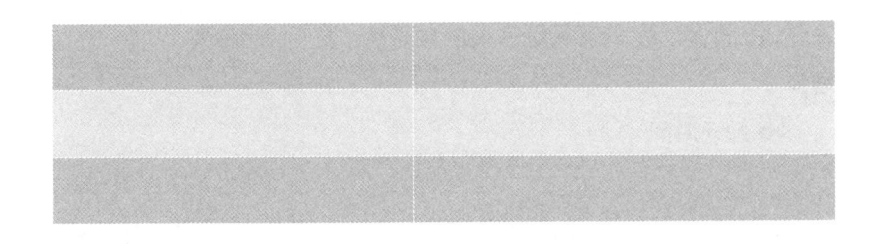

路线图第8步：认清障碍

存在哪些障碍？或者有可能存在障碍吗？怎样克服这些障碍呢？以下是一些常见的阻碍企业可持续发展的例子：

◆ 员工不参与可持续发展议程，因为可持续发展被视为"其他人（如可持续发展团队）的责任"。

> 我们最近进行了一项小型调查，邀请来自世界各地（同一行业内）不同组织的40位领导人分享他们的可持续发展实践。他们中的大多数（约70%）表示，所在组织高度关注可持续发展，但对他们的日常工作几乎没有影响。这一结果表明，可持续发展往往被员工认为不是组织身份的核心，也不是大家的共同责任。

◆ 可持续发展是复杂的，因此难于把握从哪里开始。

◆ 短期财务报告导致短期决策，不利于取得长期可持续的结果。除非企业能够向股东表明这些决定会在一段时间内（即使短期内不会）带来投资回报，否则有可能会失去财务支持。这种情况可能出现在任何行业里，尽管可持续发展的重要性、接受度和理解程度一直在增强。

◆ 缺乏时间

> 在总部最近的职工大会上，可持续发展负责人汇报了全球各地办公室的节能成果。赫尔穆特注意到，虽然大家都在听，但有几个人要么看手机，要么和旁边的同事悄悄聊天，展现出一种"这很棒，但与我无关"的疏离感。

赫尔穆特回想起那次会议以及他参与企业可持续发展任务以来的经历，得出了一个结论：大家没有直接被触动，也没有参与其中，所以对整个主题感到陌生而疏离。对大家来说，可持续发展是发生在"别处"的事。

赫尔穆特认为，主要障碍是员工不把可持续发展视为自己的责任，退一步说，即使他们视作自己的责任，也不知道这意味着什么或者该如何参与其中。另一个潜在障碍是缺乏时间，每个人都很忙，所以要求大家对可持续发展承担责任，给他们的感觉可能是"又有一件事要做"。

对你自己、对团队、对组织来说，你认为哪些障碍是需要克服的？

我可以预见到的障碍：

我会这样克服这些障碍：

路线图第9步：充分沟通

你会交流什么？谁？何时？如何？向谁？

在交流中你需要如何表现？

为取得特定结果而沟通时，双向沟通有两个方面需要特别注意。

第一个是框架，你如何构建整个信息，尤其是初次传达这个信息时。信息构建在很大程度上取决于你如何沟通，使用的词汇，讲述的故事，帮助大家看到所说内容重要性的方式。这是一种能够让大家听从于你的信息传达方式。你如何建立一个能从相关人员那里得到即时反馈的回路？

第二个是工作进展和工作结果的交流结构和决心，以保持员工的积极性并让他们看到进展，这通常包括频率、方法、通道和反馈回路。

> 增强员工对企业可持续发展的热情和参与度是赫尔穆特的工作重点，所以他对这个课题的沟通最为关注，他还会与其他高管及其下属职能部门合作（包括营销团队和可持续发展团队），一起与外部利益相关者进行沟通。

赫尔伯特确定了有利于员工的关键信息：

◆ 通过将可持续发展作为我们的业务战略核心，我们不仅会为自己创造价值，也会为我们生活和依赖的世界创造价值。这会保证我们未来的生存。

◆ 这是你们参与进来并发挥作用的方式……

◆ 这是我们要做的……

◆ 这是我们认为可持续发展如此重要的原因……

◆ 这就是创新对我们如此重要的原因。

你希望你的利益相关者了解什么信息？请填写下面的空白框。

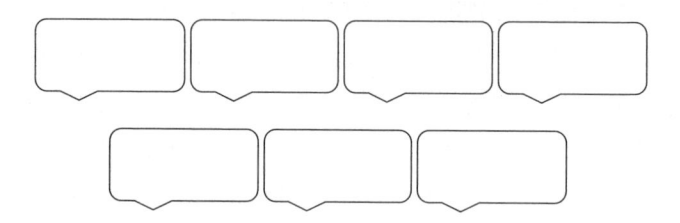

路线图第10步：挑战路线图

挑战你的影响力路线图草案——你如何以不同的方式重新考虑路线图？

让我们再次质疑一切。如果有一种不同的方式来实现企业可持续发展的结果呢？回顾一下目前为止你反思过的内容，问问你自己——我怎么能以不同的方式思考这一切？有没有一种完全不同的方法来有效地推动可持续的业务结果?

先把路线图放一天，然后再审核	问一个朋友
与同事交谈	与你的团队交流

从一个新的角度来看待路线图，把自己想象成另一个人，下面举几个例子（想象一下他们的样子和声音），他会怎么做？
伊隆·马斯克
你在业内的主要竞争对手
阿诺德·施瓦辛格
一个客户
像癌症研究或其他人的慈善机构
或其他人

到目前为止，你还有其他想法要添加到计划中吗？

当我挑战目前的想法时，结果是这样的：

路线图第11步：衡量成功与否

你如何衡量推动企业可持续发展的成果？你如何知道自己是否取得了预期的进步和结果？你将如何确保自己在实现目标的道路上坚持到底？你将如何庆祝成功？

> 赫尔穆特和管理团队的同事们围坐在会议桌旁,讨论如何保持企业可持续性发展的势头。
>
> 赫尔穆特说:"我们需要起到带头作用。在可持续发展方面,我们必须言行一致。"其他人点了点头。
>
> 然后,赫尔穆特又补充道:"你们知道一切是怎么运作的,什么被衡量,什么就能被完成。我们需要以可持续发展为目标;可持续发展需要成为我们未来发展的关键衡量标准之一。我知道我们还不清楚如何科学地制订可持续发展目标,不过,目标都是随着时间演进的,我们可以先从我们知道的入手。"

赫尔穆特会通过员工的定期可持续发展汇报(主要在线上)来跟踪可持续发展的实施情况。领导团队会把企业可持续发展列入未来每次会议的议程。

每个业务领域的可持续发展潜力得到评估后,成功与否将由员工反馈以及具体指标和目标来衡量。

为保持前进的势头,赫尔穆特打算频繁举行小型庆祝会和表彰活动。这些活动会由一线领导牵头组织。

你会如何确保自己坚持到底?你会如何衡量和庆祝成功?

我会这样跟进：

这是我衡量成功的标准：

这是我庆祝成功的方式：

对文化的影响

当你开始关注长期的结果（以及短期的结果）时，你就开始改变"这里的做事方式"（公司文化）了。在这样的文化里，大家更了解每件事如何联系在一起，以及决策如何影响长期的结果。考虑到代际差异和多样性，在劳动力价值观层面，你需要用目标把大家凝聚在一起。对某些群体来说，可持续发展的重要性超乎你的想象，因此，它也有助于让文化成为吸引人才的磁石。要真诚，确保你真心相信可持续发展。专注于你喜欢和相信的方面，然后热情洋溢地谈论它，热情是会感染人的。这就是可持续发展文化的成功秘诀。

你的影响力就是你的遗产

现在你已经了解了如何实现对企业可持续发展的影响，你也可以通过填写本书后面的影响力路线图工作表或www.2020visionleader.com/ImpactRoadmap下载来转移你的笔记并创建完整的计划。

自我评估

现在你已经创建了影响力路线图，完成以下自我评估来回顾你取得的进展。

你如何评价自己对企业可持续发展的影响力？

	1 非常糟糕	2 糟糕	3 一般	4 不错	5 非常不错
提高企业内部的可持续发展意识					
让员工参与可持续发展的商业实践					
推动可持续业务成果					

要想获得真正的成功，企业需要拥有一个比盈利更伟大的使命。

——马克·贝尼奥夫

总　结

这本书是关于你的，关于你如何能更好地控制你对身边的人和世界的影响，从而建立良好的工作关系、出色的团队、健康的工作文化和可持续的组织成果。

你有哪些想法，你会如何把这些想法付诸实践？

以下是每个章节探讨过的主要概念、解决方案、工具和行为，作为简要的参考。

第1节：什么是影响力？

◆ 影响力始于内心
◆ 你的影响力就是你引起的连锁反应
◆ 制订影响力策略
◆ 凭借职位还是行为产生影响？
◆ 为你的影响力负责
◆ 了解你的听众
◆ 待人真诚，运用独特领导才能
◆ 行动和行为如何推动影响力
◆ 领导力研究

第2节：实现影响力的原因和方式

- ◆ 关注影响力的原因
- ◆ 影响力发生在当下
    - ◇ 头衔意味着什么？
    - ◇ 你的行为方式和习惯
    - ◇ 成为出色的沟通者和倾听者
    - ◇ ULPs——独特领导才能
    - ◇ 领导力雷达——真正地觉察
    - ◇ 影响力和企业文化

第3节：对员工的影响力

- ◆ 有远见并坚持到底
- ◆ 个性化对待每个员工，重视差异
- ◆ 帮助团队建立信心
- ◆ 做真实的自己，脱掉公司外衣
- ◆ 注意你的品牌和声誉

行为

- ◆ 关心员工的成就
- ◆ 仔细思考如何定位愿景
- ◆ 畅所欲言，表达自我，充满热情

第4节：对上级的影响力

- ◆ 领导利益相关者
- ◆ 影响利益相关者
- ◆ 利用自发指导和反向指导
- ◆ 做自己的品牌经理
- ◆ 为会议做准备——做什么，怎样做

行为

- ◆ 自愿提供信息，敢于分享大胆的想法
- ◆ 用心地提问和倾听
- ◆ 分享观察结果，让他人证实这些想法

第5节：对同事的影响力

- ◆ 视同事为客户
- ◆ 勤于赞扬，吝于责备
- ◆ 给同事提意见
- ◆ 要有政治意识
- ◆ 寻求与同事一起学习的机会

行为

- ◆ 寻求解决方案
- ◆ 解释为什么把我包括在内对我们俩都有帮助

◆ 慷慨地分享

第6节：对董事会的影响力

作为影响力工具的高管风度

◆ 展现信心
◆ 启发和建立联系
◆ 沟通与指导
◆ 与愿景和战略建立联系
◆ 表示尊重

行为

◆ 积极参与，询问董事会成员他们需要什么
◆ 以富有创意的方式挑战现状
◆ 欣赏差异，尝试新事物

第7节：对外部利益相关者、媒体/纸媒、社交媒体的影响力

◆ 选择有影响力的行为
◆ 考虑你对客户及其体验的影响
◆ 与你的合作伙伴、供应商、分包商等有效合作
◆ 管理媒体/新闻媒体
◆ 社交媒体和品牌管理

行为

◆ 以开放的心态倾听和交流
◆ 选择退后一步,谨慎地选择在线参与方式
◆ 花点时间回应,为下一次建立良好关系做铺垫

第8节:协作影响力

◆ 冲突管理
◆ 用团队公式创建团队
  ◇ 团结一致
  ◇ 加深彼此了解
  ◇ 要勇敢,真正开诚布公地彼此交谈
  ◇ 互相给予TOP™行为反馈
  ◇ 建立优势
  ◇ 就团队目标和方向达成共识
  ◇ 确定一起工作的方式以及衡量成功的标准
  ◇ 慷慨,大胆地分享你的知识
  ◇ 对达成的协议竭尽全力
  ◇ 信守诺言,对彼此责任

行为

◆ 接受(自己和他人)
◆ 好奇
◆ 尊重

- ◆ 真诚地关心他人
- ◆ 慷慨大方，分享你的知识与经验
- ◆ 适时给予赞扬
- ◆ 放弃对"正确"的需求
- ◆ 信守承诺（值得信赖）

第9节：变革影响力

- ◆ 领导变革，而不仅仅是管理变革
- ◆ 作为领导者，你如何增加价值？
- ◆ 变革的情感方面
- ◆ 利用积极的变革影响因素
- ◆ 不要把时间浪费在"不确定的空虚"中
- ◆ 放慢速度以加速变革
- ◆ 没有人知道所有答案
- ◆ 定期召开变革会议

行为

- ◆ 积极主动
- ◆ 反思
- ◆ 展示责任
- ◆ 积极正面
- ◆ 表示同情
- ◆ 善解人意

- ◆ 值得信赖
- ◆ 明智
- ◆ 勇敢
- ◆ 思想开放
- ◆ 表现出对变革的信心
- ◆ 最重要的是，停下来庆祝成功

第10节：创新影响力

- ◆ 颠覆性领导者的5个敏捷步骤：
  - ◇ 建立战略能力
  - ◇ 不要自负
  - ◇ 将团队协作提升到新水平
  - ◇ 提供足够的稳定性，让大家能够灵活行动
  - ◇ 想想H2H——人与人的交流
- ◆ 树立创新的信心
- ◆ 运用PODS™（动态共享的力量）
- ◆ 运行内部和/或外部"黑客马拉松"
- ◆ 利用冲突来推动创新
- ◆ 发现问题或机会，并开始创新

行为

- ◆ 保持好奇心
- ◆ 包容和慷慨

- ◆ 坚持以客户为中心
- ◆ 长远思考
- ◆ 勇气和韧性
- ◆ 指导创新

第11节：对企业可持续发展的影响力

- ◆ 三P底线模型：人、地球、利润
- ◆ 从一开始就让员工参与进来
- ◆ 增进员工对可持续发展的了解
- ◆ 创建价值主张
- ◆ 管理期望
- ◆ 务实并保持专注
- ◆ 赋予希望

行为

- ◆ 言行一致，有良好的"说做比"（这也适用于你的个人生活）
- ◆ 做真实的自己（绝不"漂绿"！）
- ◆ 对你所在的社会保持包容和开放的合作态度（因为企业、政府、非营利组织等部门是解决可持续发展挑战的最佳选择）
- ◆ 保持专注，提醒大家企业可持续发展的原因和方式，以此展示你的承诺

影响力路线图模板

1	确定预期结果			预期结果是		
2	设定目标日期			目标日期是		
3	了解利益相关者	我的利益相关者是		这是我对他们及其需求的了解		
4	评估现状	我们的现状是				
5	你和其他人需要学习什么？	这是我需要学习的		这是我的利益相关者需要学习的		
6	行动计划	做什么	怎么做	谁来做这件事	什么时候完成	这对结果会有什么影响
7	你需要如何表现？	我会采取这样的行为		我的行为会这样影响行动计划的各个步骤		
8	行动计划	我可以预见到的障碍		我会这样克服这些障碍		
9	充分沟通	这些是我想让我的利益相关者了解的关键信息				
10	挑战路线图	当我挑战目前的想法时，结果是这样的				
11	衡量成功与否	我会这样跟进	这是我衡量成功的标准	这是我庆祝成功的方式		

笔 记

第1章

第1节

1. https://www.octanner.com/content/dam/oc-tanner/documents/global-research/White_Paper_Performance_Accelerated.pdf.

2. https://hbr.org/2016/01/the-trickle-down-effect-of-good-and-bad-leadership.

3. http://www.haygroup.com/Downloads/es/misc/Leadership_brochure.pdf.

4. http://news.gallup.com/businessjournal/182792/managers-account-variance-employee-engagement.aspx.

5. http://news.gallup.com/businessjournal/163130/employee-engagement-drives-growth.aspx.

第2节

6. http://www.bandt.com.au/opinion/five-reasonsemotional-intelligence-essential-effective-leadership.

7. http://www.apa.org/research/action/multitask.aspx.

第2章

第3节

8.https://www.theguardian.com/careers/careers-blog/what-employees-want-job-company-around-world.

9.http://news.gallup.com/businessjournal/182792/managers-account-variance-employee-engagement.aspx.

10.http://www.loni.usc.edu/.

第4节

11.https://hbr.org/2015/12/engaging-your-employees-is-good-but-dont-stop-there.

12.https://greatergood.berkeley.edu/article/item/how_stories_change_brain.

13.http://www.loni.usc.edu/.

第5节

14.https://www.gallup.com/workplace/236570/employeeslot-managers.aspx.

15.https://www.mckinsey.com/business-functions/organization/our-insights/the-five-trademarks-of-agileorganizations.

16.https://hbr.org/2017/09/playing-office-politics-without-selling-your-soul.

17.http://www.loni.usc.edu/.

18.https://www.ddiworld.com/glf2018.

第6节

19.http://www.debonogroup.com/six_thinking_hats.php.

20.http://www.loni.usc.edu/.

21.https://www.thetimes.co.uk/article/same-old-story-fromthe-boardroom-as-average-age-of-directors-exceeds-60-jb6s0x3dn.

22.https://ig.ft.com/sites/us-board-diversity/.

第7节

23.https://www.webershandwick.com/news/81-percent-ofglobal-executives-report-external-ceo-engagement-is-amandate/.

24.https://www.inc.com/justin-bariso/uber-ceo-singleinsulting-tweet-destroy-months-work-major-lessonemotional-intelligence.html.

25.http://www.loni.usc.edu/.

第3章

第8节

26.https://www.nytimes.com/2016/02/28/magazine/whatgoogle-learned-from-its-quest-to-build-the-perfect-team.html.

27.https://www.forbes.com/sites/adigaskell/2017/06/22/new-study-finds-that-collaboration-drives-workplaceperformance/#636dd6053d02.

28.Published by MX Publishing, 2013.

第9节

29.https://www.ddiworld.com/glf/gender-diversity-pays-off.

30.https://www.youtube.com/watch?v=W8lBMFw2xFA.

31.https://hbr.org/2018/08/research-to-get-people-toembrace-change-emphasize-what-will-stay-thesame?utm_medium=social&utm_source=twitter&utm_campaign=hbr.

第10节

32.https://www.octanner.com/in/insights/infographics/thebusiness-case-for-recognition.html.

33.https://www.mckinsey.com/businessfunctions/organization/our-insights/the-five-trademarks-of-agile-organizations.

34.https://hbr.org/2018/07/the-biggest-obstacles-to-innovation-in-large-companies.

35.http://blessingwhite.com/article/2018/04/20/7-barriers-internal-innovation/.

第11节

36.https://www.ddiworld.com/glf2018.

37.Term coined by John Elkington, founder of the consulting firm SustainAbility.

38.https://www.un.org/sustainabledevelopment/development-agenda/.

39.https://www.un.org/sustainabledevelopment/sustainable-development-goals/.